아하! 바이블 큐브

시즌 3

차례

도서출판kmc
설교 PPT 다운로드

짝꿍

『아하! 바이블 큐브』 시즌3 주제는 '짝꿍'입니다.

이번 시즌의 주제는 '짝꿍'입니다. 짝꿍의 사전적 의미는 '짝을 이루는 동료'나 '뜻이 맞거나 매우 친한 사람'입니다. 한국 드라마 〈오징어 게임〉이 전 세계적으로 큰 관심을 받으며 '깐부'라는 말이 널리 퍼지기도 했습니다. 깐부 역시 놀이할 때 같은 편 또는 한 팀을 뜻하는 속어입니다. 특히 어린 시절에는 이렇게 친구끼리 짝을 이루어 함께 놀기도 하고 도와주기도 합니다. 그러나 꼭 사람 사이에만 짝이 있는 것은 아닙니다.

어떤 사람을 생각할 때 함께 떠오르는 물건이 있다면, 예를 들어 마리아와 향유처럼 사람과 물건이 짝이 될 수도 있습니다. 때로는 베드로와 닭 또는 가룟 유다와 은돈 30냥처럼 좋지 않은 이미지와 짝을 이루는 경우도 있습니다. 또 사람의 외적 특징이 그와 짝이 되기도 합니다. 삼손의 머리털, 낙타털 옷을 입은 세례 요한처럼 말이죠. 어떤 경우에는 다니엘과 사자, 큰 물고기와 요나처럼 사람과 동물이 짝이 되고, 때로는 한 사람의 옛 이름과 새 이름이 짝을 이루기도 합니다. 대표적으로 아브라함을 꼽을 수 있습니다.

이번 시즌에는 이렇게 성경 인물들뿐만 아니라 사건이나 이야기에 등장하는 '짝'을 다룹니다. 예수님이 행하신 기적 이야기와 특히 사순절 기간에 예루살렘에 들어가 십자가에서 돌아가실 때까지 있었던 일들을 알아보고, 그 일들이 각각 어떤 물건과 연관되어 있는지를 살펴보면서 성경을 새롭고 흥미롭게 다시 읽어 보려 합니다.

특정한 사람이나 사건을 나타내는 표지(標識)나 물건 등을 '상징'이라고 합니다. 상징에는 약속과 합의로 만들어져 전통적으로 내려오는 것도 있지만, 어떤

시즌 3

특별한 순간에 새로운 의미가 생겨 상징이 되는 경우도 있습니다. 이는 약속이나 합의, 전통은 물론 저마다의 경험과 체험을 통해 새로운 상징이 만들어지기도 한다는 뜻입니다. 이번 시즌에 등장하는 사람, 사물, 동물은 이미 전통적이고 교회적인 의미를 가진 상징들입니다. 그러나 성경을 배우면서 어린이들 스스로 그 위에 자신의 이야기를 덧입혀 새로운 의미들을 만들어 가기를 바랍니다. 상징을 통한 신앙교육은 성경의 다양한 인물과 사건을 훨씬 쉽게 배우고 익히게 하고, 호기심과 흥미를 유발하는 데도 유용할 것입니다.

이번 시즌은 총 6개의 단원으로 구성되었으며, 각각의 제목과 주제는 아래와 같습니다.

단원	제목	주제
1단원	나를 도와주는 짝꿍	우리 곁에는 어려울 때 지혜와 위로, 도움을 주는 이들이 있다.
2단원	예수님의 기적	예수님은 지금도 여전히 놀라운 기적을 펼치신다.
3단원	예루살렘의 사람들	예수님의 예루살렘 입성 후 일주일간 있었던 이야기 (사순절)
4단원	나를 상징하는 물건	내가 가진 것이 곧 나다.
5단원	나의 동물 짝꿍	하나님은 동물을 통해서도 당신의 뜻을 펼치신다.
6단원	너의 이름은	새 이름을 주시다.

부활 주일 아직 끝나지 않은 이야기

배울 말씀 마태복음 28장 16~20절

새길 말씀 그러므로 너희는 가서 모든 민족을 제자로 삼아 아버지와 아들과 성령의 이름으로 세례를 베풀고 내가 너희에게 분부한 모든 것을 가르쳐 지키게 하라 (마 28:19~20 상반절)

(손에 달걀을 들고서 설교를 시작한다.)

꼬끼오 꼬꼬댁! 꼬끼오 꼬꼬댁! 아침부터 울어대는 닭이 알을 낳았네요. 달걀을 볼까요? 둥글둥글한 모양에, 조금 딱딱해요. 얼핏 보면 돌멩이 같고, 스스로 움직이지도 못하니까 꼭 죽은 것 같아요. 하지만 우리는 이 달걀 속에 뭐가 들어 있는지 알고 있어요. 뭐가 들었죠? 맞아요. 병아리예요. 닭이 달걀을 따뜻하게 품고 있으면 어느덧 병아리가 알을 깨고 나와요. 돌멩이 같았던 달걀에서 삐악삐악 귀여운 병아리가 태어나요. 이렇게 딱딱한 알을 깨고 병아리가 태어나는 것처럼, 딱딱한 돌로 막혀 있던 무덤에서 예수님이 다시 살아나셨대요. 예수님의 이야기를 들어 볼까요?

예수님이 십자가에 달려 죽으셨어요. 예수님의 죽음을 본 제자들은 자기들도 예수님처럼 잡혀가서 벌을 받을까 봐 무서웠어요. 그래서 뿔뿔이 도망가 버렸죠. 하지만

예수님은 십자가에 달려 돌아가신 지, 3일 만에 다시 살아나셨어요! 죽었다가 살아나신 걸 우린 '부활'이라고 말해요. 부활하신 예수님은 제자들과 산에서 다시 만나셨어요. 그렇게 만난 제자들과 예수님은 행복하게 오래오래 살았답니다.

이렇게 '이야기 끝~'인 줄 알았죠? 아니에요. 예수님의 이야기는 여기서 끝나지 않았어요. 동화책을 보다 보면 주인공들이 모든 어려움을 이겨내고 결국 행복하게 오래오래 살았다는 말로 마무리될 때가 많아요. 하지만 예수님과 제자들의 이야기는 예수님이 부활하신 후에도 끝나지 않았어요.

예수님과 제자들이 한곳에 모였어요. 제자 중에는 "예수님, 너무 감사해요!" "부활하신 예수님을 찬양해요!" 하며 예수님을 기쁘게 맞이한 제자들도 있었지만, "진짜로 예수님 맞아?", "혹시 유령 아니야? 아니면 예수님 닮은 사람인가?" 하며 의심하는 제자들도 있었어요. 예수님은 그런 제자들을 모아놓고 말씀하셨어요. "이제 여러분 모두, 사람들을 만나서 복음을 전하고 세례를 베풀며, 내가 여러분에게 알려 준 모든 것을 가르쳐서 지키게 하세요. 내가 언제나 여러분과 함께할게요."

예수님과 제자들의 이야기가 끝나지 않은 건, 아직 제자들이 해야 할 일이 남아 있었기 때문이에요. 예수님을 모르는 사람들을 만나 예수님이 가르쳐 주신 말씀을 전하고, 그들이 예수님의 제자가 되게 하는 일 말이죠. 제자들은 열심히 예수님의 말씀을 따랐어요. 사람들에게 찾아가서 예수님이 누구신지 가르쳐 주고, 또 세례를 베풀며 예수님을 믿고 살아가게 했어요.

오늘은 부활하신 예수님을 기억하며 기뻐하는 부활주일이에요. 예수님이 딱딱한 무덤 문을 열고 부활하신 것을 생각하며 달걀을 먹기도 하고, "할렐루야!" 찬양을 부르며 신나는 파티를 열어요. 하지만 부활주일을 보내며 우리가 잊지 말아야 할 것은

여전히 예수님의 이야기는 끝나지 않았다는 사실이에요. 제자들은 예수님 말씀을 따라 사람들에게 예수님을 전했고, 그들이 예수님의 제자가 되어 또 다른 사람에게 예수님을 전하는 멋진 사람이 되게 했어요. 그렇게 제자가 된 사람들이 예수님을 전하고 전하고 또 전해서 지금 우리도 예수님을 알게 된 거예요.

예수님의 이야기는 지금도 '이야기 끝~'이 아니에요. 이 이야기는 언제 끝날지 몰라요. 왜냐하면 아직도 예수님의 부활 이야기를 모르는 사람들이 있기 때문이에요. 그래서 예수님의 제자인 우리에게도 예수님의 이야기를 전할 기회가 주어졌어요. 아직 세상에는 예수님을 믿지 않는 사람들이 많아요. 모든 사람이 예수님의 말씀을 들을 수 있게 우리는 예수님을 전해야 해요. 너무 어려운 것 같다고요? 걱정하지 말아요. 예수님이 우리와 함께해 주겠다고 하셨어요. 우리와 함께하시는 예수님의 힘으로 많은 사람을 예수님의 제자로 만드는 어린이들이 되길 바라요.

함께 기도해요

하나님, 우리는 예수님이 부활하셔서 지금도 우리와 함께하신다는 것을 믿어요. 우리도 예수님의 제자가 되어 예수님 말씀대로 살아갈래요. 예수님 말씀을 잘 기억하고 전할 수 있게 도와주세요. 예수님의 이름으로 기도합니다. 아멘.

환경 선교주일

하나님이 만드신 대로

배울 말씀 창세기 1장 9~13절

새길 말씀 하나님이 이르시되 땅은 풀과 씨 맺는 채소와 각기 종류대로 씨 가진 열매 맺는 나무를 내라 하시니 그대로 되어 땅이 풀과 각기 종류대로 씨 맺는 채소와 각기 종류대로 씨 가진 열매 맺는 나무를 내니 하나님이 보시기에 좋았더라 (창 1:11~12)

하나님이 세상을 처음 만드실 때예요. 하나님은 아무것도 없는 깜깜한 세상에 "빛이 생겨라!" 하고 말씀하심으로 빛을 만드셨어요. 하늘과 바다와 땅을 만드신 하나님이 땅에게 "풀과 채소와 나무가 자라게 해라!"라고 말씀하셨어요. 그러자 땅에서 다양한 꽃과 풀, 그리고 나무들이 자라났어요. 그리고 "하늘에 해와 달과 별들이 생겨라!"라고 하시니 그대로 됐어요. 그렇게 하나님의 말씀으로 바다를 헤엄치는 물고기들과 커다란 고래들이 생겨나고, 하늘을 날아다니는 새들도 생겨났어요. 마지막으로 하나님은 땅의 흙으로 조물조물 사람을 만드셨어요. 모든 것을 만드신 하나님은 세상을 둘러보며 감탄하셨어요. "와! 정말 보기 좋구나!"

하나님은 사람에게 하나님이 만드신 아름다운 세상을 맡기시며 잘 돌보라고 하셨어요. 또 다양한 동물과 식물의 이름을 만들게도 하셨죠. 그래서 사람은 엉금엉금 등 껍질을 등에 이고 기어가는 동물에게는 '거북이'라는 이름을 만들어 주었고, 바닷속

을 헤엄치는 커다란 물고기에게는 '고래'라는 이름을 붙여 주었어요. 그뿐 아니에요. 사람은 풀숲을 산책하며 향기로운 풀 냄새를 맡고, 주렁주렁 열린 열매들도 따 먹으며 행복하게 살았어요. 하나님이 처음 만드신 세상의 모습을 잘 지켜가면서 말이죠.

그런데 시간이 지날수록 사람들은 하나님이 맡기신 일을 잊었어요. 하나님이 맡기신 세상을 잘 돌보지 않았어요. 오히려 세상을 함부로 대하고, 아프게 만들었어요. 그렇게 세상은 하나님이 처음 만드시고 "와! 정말 보기 좋구나!"라고 감탄하셨던 아름다운 모습을 잃어버리고 말았어요. 하나님이 만드신 에메랄드빛 바다에는 온갖 쓰레기들이 둥둥 떠다니고, 바다 동물들도 병에 걸렸어요. 푸르른 나무들로 가득했던 산은 사람들이 나무들을 몽땅 베어가거나, 산에 불을 내는 바람에 벌거숭이가 되어 버리기도 했죠.

산이 벌거숭이가 되자 윙윙 벌과 살랑살랑 나비도 꽃을 찾을 수 없게 되었어요. 다람쥐와 너구리도 집을 잃었어요. 집이 없어지고 먹을 음식이 부족해지자 동물들은 차가 쌩쌩 달리는 도로까지 내려오거나, 킁킁 맛있는 냄새를 찾아 식당에 가서 사람들을 깜짝 놀라게 했죠. 이렇게 변한 세상을 보며 하나님은 뭐라고 하실까요? 이제 더는 "와! 정말 보기 좋구나!"라고 하시지 않고 "흑흑, 너무 속상하구나."라고 하실 거예요.

그럼, 하나님이 보시며 행복해하실 세상으로 되돌아가려면 어떻게 해야 할까요? 아주 단순해요. 말씀대로 하나님이 우리에게 맡기신 세상을 다시 잘 돌보면 돼요. 그렇다면 세상을 잘 돌보는 일은 어떤 것일까요? 여름에 바닷가에 놀러 가면 거북이와 고래가 건강하게 헤엄칠 수 있도록 바닷가의 쓰레기를 주울 수 있어요. 또 욕심내서 장난감을 많이 사지 않고, 내가 이미 가지고 있는 장난감들을 잘 갖고 노는 것도 세상을 지키는 일이에요. 내가 욕심내서 산 장난감이 산더미처럼 쌓여서 다른 동물을 괴롭히거나 땅을 아프게 할 수 있으니까요.

그리고 하나님이 만드신 세상의 꽃이 얼마나 향기로운지, 열매들이 얼마나 새콤달콤 맛있는지 느껴 보세요. 하나님이 만드신 바다의 멋진 빛깔을 바라보고, 밤하늘의 반짝반짝 빛나는 별들도 자세히 들여다봐요. 하늘을 날아다니는 새들이 얼마나 예쁘게 노래하는지, 바닷속에는 또 얼마나 신기하고 멋진 동물과 식물들이 많은지도 살펴봐요. 그러면 "하나님, 이렇게 아름다운 세상을 만들어 주셔서 감사해요!"라는 기도를 저절로 하게 될 거예요. 그렇게 세상을 다시 잘 가꾸어서 하나님이 처음 세상을 지으셨을 때처럼 깨끗하고 아름다운 세상에서 우리 모두 하나님을 찬양했으면 좋겠어요! 하나님께 감사하며 세상을 소중히 여기고 잘 가꾸는 어린이들이 되기를 바라요.

함께 기도해요

하나님, 우리에게 아름다운 세상을 만들어 주셔서 감사해요. 하지만 하나님이 맡겨 주신 세상을 잘 돌보지 못했어요. 용서해 주세요. 이제는 하나님이 만드신 처음 모습처럼 깨끗하고 아름답게 가꾸는 어린이가 될게요. 예수님의 이름으로 기도합니다. 아멘.

1 단원 나를 도와주는 짝꿍

주제 **우리 곁에는 어려울 때 지혜와 위로, 도움을 주는 이들이 있다.**

1단원은 힘들고 어려울 때 내게 지혜와 위로, 도움을 주는 이들에 관한 이야기입니다. 인간은 본래 홀로 살아갈 수 없으며, 혼자서 모든 일을 하는 것은 불가능합니다. 태어날 때부터 평생 주위 사람들과 도움을 주고받으며 살아갑니다. 성경의 위대한 인물들도 모두 그랬습니다. 과연 그들 곁에는 어떤 짝꿍이 있었을까요?

1과는 이스라엘 백성이 광야에서 생활하던 당시 장인 이드로가 모세를 방문했을 때의 일입니다. 이드로는 백성이 모세에게 묻고 답을 듣기 위해 아침부터 저녁까지 줄지어 서 있는 것을 보게 되었습니다. 그는 이렇게 일하다가는 모세도, 백성도 모두 지치게 될 것이라면서 백성 중에 유능한 사람을 세워 그들에게 재판을 맡기라고 했습니다. 모세는 이드로의 조언을 따랐습니다. 그 덕분에 모세는 재판의 짐을 덜고, 하나님께서 명하시는 일을 더 잘할 수 있게 되었습니다.

2과는 다윗이 맏아들 압살롬에게 쫓기던 때의 일입니다. 후새는 다윗의 신하로, 압살롬을 물리치는 데 중요한 역할을 했습니다. 다윗이 예루살렘에서 도망칠 때, 후새는 다윗의 부탁으로 다시 예루살렘으로 돌아갔습니다. 그리고 거짓으로 압살롬을 섬기면서 그의 조언자가 되어 반역을 실패로 만들었습니다. 다윗은 후에 자기를 위해 목숨을 걸고 예루살렘으로 돌아갔던 후새를 친구라고 불렀습니다.

3과는 바울이 두 번째 선교 여행 때 소아시아 루스드라(현재 터키)에서 디모데를 처음 만난 이야기입니다. 디모데의 출생 – 어머니는 유대인, 아버지는 헬라인 – 은 바울에게 전혀 문제가 되지 않았습니다. 당시 디모데는 이미 루스드라와 이고니온의 신자들에게 훌륭한 청년이라는 평판을 듣고 있었기 때문입니다. 그래서 흔쾌히 디모데와 함께 전도 사역을 시작했습니다. 누군가와 짝꿍이 되는 데 국적이나 민족은 장애가 될 수 없습니다.

4과는 아이를 낳을 것이라는 천사의 고지를 들은 마리아가 엘리사벳을 찾아간 이야기입니다. 당시 나이 많은 엘리사벳도 세례 요한을 임신한 상태였습니다. 엘리사벳은 처녀의 몸으로 임신한 마리아를 기꺼이 맞아 주고 축복해 주었습니다. 마리아는 3개월 동안 그 곁에 머물며 큰 위로를 받고 쉼을 얻었습니다.

빌립보서 2장 4절

♩= 84

작곡:이화익
편곡:이화익

1 지혜로운 짝꿍

배울 말씀 출애굽기 18장 9~27절

새길 말씀 이에 모세가 자기 장인의 말을 듣고 그 모든 말대로 하여 (출 18:24)

(무거워 보이는 큰 상자를 들고서 힘겨운 표정을 지으며 등장한다.)

영차영차! 휴~. 혼자 하려니 너무 무겁고 힘드네요. 혹시 여러분 중에 저를 도와줄 사람이 있나요? (지원하는 어린이 한 명을 선택한다.) 자, '하나, 둘, 셋!' 하면 우리가 마음을 맞춰 함께 들어서 저쪽으로 옮기는 거예요. 한번 해 볼까요? 하나, 둘, 셋! (상자를 함께 옮긴다.) 혼자 들 때는 너무 무거웠는데, ○○이와 함께 드니 쉽게 옮길 수 있었어요. 고마워요! (어린이를 자리로 돌아가게 한다.)

여러분, 혹시 '짝꿍'이라는 단어를 아나요? 짝꿍이란 마음이 잘 맞고 친한 사람을 말해요. 방금 저는 혼자서 들기 무거운 상자를 ○○이와 짝꿍이 되어 하나, 둘, 셋! 마음을 맞춰 함께 들어서 쉽게 옮길 수 있었어요. 이렇듯 함께일 때 더욱 빛나는 짝꿍!

그런데 성경에도 짝꿍이 되어 하나님의 일을 더욱 잘 해낸 사람들이 나와요. 그중에서 오늘은 모세의 이야기예요. 모세에게는 어떤 짝꿍이 있었는지 함께 알아봐요.

어느 날 모세가 문밖의 누군가를 보고는 헐레벌떡 뛰어나갔어요. 하나님의 일을 하느라 잠시 떨어져 지내던 아내 십보라와 두 아들, 그리고 아내의 아버지인 이드로였어요. 그리웠던 가족을 만나니 모세는 무척 기뻤어요. 이드로는 모세에게 참 고마운 분이었어요. 지난날 모세가 애굽에서 홀로 도망쳐 나와 갈 곳이 없을 때, 가족이 되어 준 분이기 때문이에요. 모세는 그런 이드로를 보자 너무 반가워서 엎드려 절하며 맞이했어요.

다음 날 모세는 평소대로 일을 시작했어요. 백성의 여러 문제를 듣고 하나님의 뜻을 이야기해 주는 것이 모세의 일이었죠. 이스라엘 백성은 이른 아침부터 모세 앞에 길게 줄을 서서 차례차례 물었어요. “모세, 이럴 땐 어떻게 하는 것이 하나님의 뜻일까요?”, “모세, 하나님이 보시기에 우리 둘 중 누가 잘못한 것인지 알려 주세요!” 아침이 지나고, 점심이 지나고, 저녁이 되도록 모세는 쉬는 시간도 없이 혼자서 문제를 해결해 주느라 너무 힘들고 피곤했어요. 길게 줄을 지어서 오랫동안 기다려야 하는 백성도 힘들기는 마찬가지였어요.

하루 종일 모세의 곁에서 지켜보던 이드로는 걱정스러운 표정으로 모세에게 말했어요. “모세, 계속 이렇게 혼자서 무리하게 일을 하다가는 결국 지쳐서 병이 날 걸세. 백성도 매일 긴 줄을 서서 기다리느라 아무 일도 못 하지 않는가. 내게 좋은 방법이 있는데 한번 들어 보게나!” 이드로는 이스라엘 백성 중에 하나님을 두려워하고 믿을 만하며 욕심이 없는 사람들을 뽑아서 모세를 돕게 하자고 제안했어요.

그리고 자세한 방법도 이야기했어요. "백성이 가져오는 문제 중에 크고 어려운 일은 자네가 해결하고, 나머지 작은 일들은 뽑힌 이들이 맡아서 답을 해 주는 것이라네. 이렇게 일을 나누어서 하면 훨씬 쉬워질 걸세!" 이드로의 충고를 들은 모세는 어떻게 했을까요?

모세는 이스라엘 백성의 최고 지도자, 대장이었어요. 얼마든지 자기 생각대로 할 수 있는 사람이었죠. 하지만 모세는 이드로의 지혜로운 이야기에 귀를 기울여 잘 듣고 그 방법을 따랐어요. 그러자 혼자서 힘겹게 해내던 많은 일이 이전보다 빠르게 해결되었어요. 그리고 여유가 생기니 하나님의 뜻을 묻고 그 뜻을 따르는 일에 더 집중할 수 있었어요.

그렇게 모세의 가족인 이드로는 지혜로운 생각으로 모세를 도왔어요. 모세 역시 자기 생각대로만 하지 않고, 이드로의 지혜로운 말을 귀담아듣고 따랐어요. 그렇게 둘은 지혜를 모아 행동함으로 하나님의 일을 더욱 잘 해낼 수 있었어요.

모세와 이드로처럼 서로를 아끼고 사랑하는 가족은 누구보다 좋은 짝꿍이 될 수 있어요. 여러분도 가족과 함께 하나님의 말씀 안에서 지혜를 나누고 도우며, 서로의 아름다운 짝꿍이 되기를 바라요.

함께 기도해요

하나님, 오늘 말씀을 통해 하나님의 일은 서로 힘을 모아 함께 할 때 더욱 잘 해낼 수 있다는 것을 깨달았어요. 모세와 이드로처럼, 우리도 서로 돕고 마음을 모아 하나님이 기뻐하시는 일을 하는 멋진 짝꿍이 되게 해 주세요. 예수님의 이름으로 기도합니다. 아멘.

1단원

2 용감한 짝꿍

배울 말씀 사무엘하 15장 30~37절, 17장 14~16절

새길 말씀 다윗의 친구 후새가 곧 성읍으로 들어가고 압살롬도 예루살렘으로 들어갔더라 (삼하 15:37)

오늘 말씀은 하나님이 선택하시고 이스라엘의 왕으로 세우신 다윗의 이야기예요. 지난주에 배운 모세에게 지혜로운 짝꿍이 있었다면, 다윗에게는 용감한 짝꿍이 있었대요. 다윗의 용감한 짝꿍은 과연 누구였을까요? 함께 말씀 속으로 들어가 만나 봐요.

흑흑흑! 여러 사람이 슬피 울며 산을 오르고 있어요. 그중 한 사람은 신발도 신지 않은 채 엉엉 울고 있네요. 바로 다윗 왕이에요. 얼마 전 다윗 왕의 셋째 아들인 압살롬 왕자가 아버지의 자리를 빼앗으려고 나쁜 일을 꾸몄거든요. 심지어 다윗 왕의 신하들도 왕자의 편이 되어서 다윗을 없애려고 했죠. 그래서 지금 다윗은 그들을 피해 도망치는 중이에요.

사랑하는 아들과 언제나 내 편이던 신하들이 이제는 자기를 미워하고 없애려고 하다니, 다윗은 너무 슬펐어요. 그래서 기도했어요. “하나님, 저를 도와주세요.” 하고 말이죠. 다윗은 조금이라도 빨리 요단강 나루터로 가기 위해 서둘러 골짜기를 지나고 산을 올랐어요.

그때 누군가 다윗에게로 나아왔어요. “왕이시여!” 그는 다윗이 아끼고 사랑하는 충성스러운 신하 후새였어요. 슬픔과 걱정으로 엉망이 된 다윗의 모습을 본 후새는 마음이 너무 아파서 눈물이 멈추지 않았어요. 후새는 다윗의 눈을 보며 진심을 담아 말했어요. “왕이시여, 저는 끝까지 당신만을 따를 것입니다!” 두렵고 위험한 순간에 자기 편이 되어 주겠다는 그의 말에 다윗의 마음이 어땠을까요? 정말 고맙고 감동해서 이번에는 기쁨의 눈물이 났을 것 같아요.

큰 슬픔에 빠져 있던 다윗은 무슨 일이 있어도 끝까지 자신을 믿으며 함께하겠다는 후새와 이스라엘 백성을 보니 힘이 솟아났어요. 그래서 눈물을 닦고 곰곰이 생각하기 시작했어요. ‘어떻게 하면 빼앗긴 예루살렘 성을 되찾을 수 있을까?’ 아하! 그 순간 좋은 방법이 떠올랐어요. 후새가 왕자가 있는 성으로 되돌아가서 왕자의 편인 척하며 그들이 어떤 나쁜 일을 꾸미고 있는지 몰래 알아내 오는 거였어요. 그런데 만약 이 사실을 왕자에게 들킨다면 후새는 목숨을 잃을 수도 있어요. 후새는 이 위험한 일을 하려고 할까요? 용감한 후새는 이렇게 대답했어요. “네, 그렇게 하겠습니다!” 후새는 사랑하고 존경하는 다윗 왕을 위해서는 못 할 것이 없었어요. 준비를 마친 후새는 씩씩하게 예루살렘 성으로 갔어요.

성에서는 왕자가 신하들과 함께 당장 그날

밤 다윗을 없애자는 이야기를 하고 있었어요. 후새는 두근두근 떨렸어요. 하지만 하나님께서 주신 용기로 왕자 편인 척하며 다윗을 잡을 다른 방법을 제안했고, 재빨리 다윗에게 이 작전을 알려서 피할 수 있게 도왔어요. 용기 있게 행동한 후새 덕분에 다윗은 목숨을 구할 수 있었어요. 그리고 결국에는 그들을 물리치고 예루살렘 성도 되찾게 되었어요.

오늘 말씀 제목인 '용감한 짝꿍'은 바로 다윗의 충성스러운 신하 후새예요. 둘은 왕과 신하지만, 친구만큼이나 가까운 사이였답니다. 두려울 때 후새처럼 용감하게 나를 도와주고, 함께해 주는 짝꿍이 있다면 무엇이든 할 수 있을 것 같아요.

어린이 여러분에게도 후새처럼 용감하고 든든한 짝꿍이 함께하는 만남의 복이 넘치기를 바라요. 그리고 여러분도 누군가에게 용감한 짝꿍이 되어 도움을 주고 힘을 더하는 어린이가 되길 소망해요.

함께 기도해요

하나님, 두렵고 위험한 상황에서 하나님께 기도한 다윗을 닮아가게 해 주세요. 또 외롭고 슬픈 친구에게 용감하게 손 내밀어 도울 줄 아는 용감한 후새를 닮은 어린이가 되게 해 주세요. 예수님의 이름으로 기도합니다. 아멘.

1단원

3 믿음의 짝꿍

배울 말씀 사도행전 16장 1~5절

새길 말씀 이에 여러 교회가 믿음이 더 굳건해지고 수가 날마다 늘어가니라 (행 16:5)

"예수님 믿으세요! 예수님은 여러분을 사랑하세요!" 이것은 누구의 목소리일까요? 바로 언제나 어디서나 예수님을 전한 바울의 목소리예요. 바울은 예수님을 전하기 위해 이곳저곳으로 전도 여행을 다녔어요. 터벅터벅 걷고 또 걸어서 지금 바울이 도착한 곳은 '루스드라'라는 마을이에요. 사실 이곳은 바울에게 안 좋은 기억이 있는 곳이에요. 예전에 여기서 예수님 이야기를 전하다가 그것을 싫어하는 사람들이 돌을 던지는 바람에 목숨을 잃을 뻔한 곳이거든요. 하지만 그때도 바울은 포기하지 않고 예수님을 전했죠. 그리고 시간이 흘러 지금 바울은 그때 어렵게 전한 복음이 마을 사람들 안에서 잘 자라고 있는지 궁금해서 다시 온 것 같아요.

그런데 마을 곳곳을 다니던 중에 어떤 한 사람에 대한 칭찬을 여러 번 듣게 됐어요. 칭찬의 주인공은 '디모데'라는 사람이었어요. "디모데가 그렇게 착하고 믿음이 좋대!", "아! 유니게의 아들 디모데 말하는 거지? 나도 알고말고! 우리 동네부터 옆 동네까지 디모데가 훌륭한 사람이라는 건 다 알 거야!" 사람들에게 이렇게 칭찬받는 디모데가 대체 누구일까요?

디모데는 루스드라에서 태어나고 자란 사람이에요. 루스드라는 여러 나라의 다양한 사람들이 함께 어우러져 사는 곳이에요. 디모데 가족 역시 디모데의 어머니는 하나님을 믿는 나라인 유다 사람이고, 아버지는 하나님을 믿지 않는 이방인 헬라 사람이었어요. 그런 디모데는 할머니와 어머니에게 하나님의 말씀을 배우고 교육도 잘 받았어요. 그래서 하나님을 사랑하는 마음씨 곱고 지혜로운 사람으로 자랐어요.

사람들의 이야기를 전해 듣던 바울은 하나님 말씀으로 잘 자라서 많은 사람이 좋아하고 칭찬하는 디모데와 함께 예수님을 전하면 참 좋겠다고 생각했어요. 그리고 부모님 덕분에 예수님을 믿는 사람과 믿지 않는 사람을 모두 경험한 디모데와 함께라면 여러 나라의 많은 사람에게 예수님을 전할 때 큰 도움이 될 것 같았아요. 어머니처럼 이미 하나님을 믿는 유다 사람들에게는 조금 더 쉽게 예수님을 전할 수 있고, 아버지처럼 하나님을 믿지 않는 이방인들에게도 친근하고 편하게 다가갈 수 있으니까요. 바울이 보기에 디모데는 마치 여러 나라에 예수님을 전하기 위해 태어난 사람 같았어요.

그렇다면 이제 바울이 당장 해야 할 일은 무엇일까요? 맞아요. 디모데를 찾아가야죠.

디모데를 만난 바울은 말했어요. "디모데, 당신은 하나님의 말씀으로 잘 자라서 많은 사람에게 칭찬받는 사람이더군요. 이제 나와 함께 이곳을 떠나 여러 나라를 돌아다니며 많은 이들에게 예수님을 전하지 않겠어요?"

바울의 말에 디모데는 어떻게 대답했을까요? 디모데는 돌에 맞으면서도 포기하지 않고 예수님의 이야기를 전한 바울을 이미 알고 있었어요. 그 모습을 보면서 예수님을 전하는 일이 세상에서 가장 소중하고 귀한 일임을 깨달아 알고 있었죠. 그래서 디모데는 이렇게 대답했어요. "네, 바울 선생님. 함께 가겠습니다!"

그렇게 바울과 디모데는 많은 사람에게 예수님의 이야기를 전하겠다는 마음으로 하나가 되어 함께 전도 여행을 떠났어요. 여러 나라를 다니며 열심히 최선을 다해 예수님을 전하고, 그러다가 힘들고 어려운 일이 생기면 서로 의지하고 격려했어요. 바울이 생각했던 대로 디모데는 여러 다른 나라 사람들에게 예수님을 전할 때 큰 도움이 되었죠. 그들을 통해 많은 사람이 예수님을 믿게 되고 교회들이 생겨나고 점점 커졌어요.

우리도 바울과 디모데처럼 오직 예수님 한 분만으로 한마음이 되길 바라요. 그래서 예수님의 이야기를 세상에 널리 전하는 가장 귀중한 일을 함께 하기를 바라요.

함께 기도해요

하나님, 바울과 디모데처럼 우리도 예수님으로 하나 되게 도와주세요. 그래서 친구들과 이웃, 세계 여러 나라에 있는 예수님을 모르는 많은 사람에게 예수님의 이야기를 널리 전할 수 있게 인도해 주세요. 예수님의 이름으로 기도합니다. 아멘.

1단원

4 축복의 짝꿍

배울 말씀 누가복음 1장 39~45절, 56절

새길 말씀 주께서 하신 말씀이 반드시 이루어지리라고 믿은 그 여자에게 복이 있도다 (눅 1:45)

어린이 여러분, 신데렐라 이야기를 알고 있나요? 누더기를 입고서 혼자 쓸쓸히 집 청소를 하고 있는 신데렐라에게 비비디 바비디 부 뾰롱~ 요정 할머니가 찾아왔어요. 요정을 처음 본 신데렐라는 깜짝 놀랐어요. 한번 상상해 보세요. 여러분 앞에 갑자기 뾰롱~ 하고 요정이 나타나면 어떨 것 같나요? 너무 놀랍고 신기할 것 같죠?

오늘 말씀의 마리아에게도 신데렐라만큼이나 아주 놀라운 일이 생겼대요. 마리아는 지금 친척 엘리사벳을 찾아가 깜짝 놀랐던 그날의 이야기를 하는 중이에요. 마리아가 말했어요. "제 앞에 눈부신 빛이 비치더니 갑자기 누군가 나타나 자신이 글쎄, 하나님의 천사라고 하는 거예요! 얼마나 놀랐는지 몰라요!" 그런데 이야기를 듣던 엘리사벳이 이렇게 말했어요. "오, 세상에! 마리아, 내게도 아주 놀라운 일이 있었어요!" 두 사람에게는 과연 어떤 일이 일어난 걸까요? 우리 함께 말씀 속으로 들어가 봐요.

나사렛이라는 작은 마을에서 하나님을 섬기며 사는 마리아에게 어느 날 뾰롱~ 하나님께서 보내신 천사가 찾아왔어요. 마리아는 너무나 놀랐어요. 그런데 천사가 놀라지 말라며 들려준 이야기는 한층 더 놀라웠어요. "마리아, 당신은 이 세상에서 가장 높으신 하나님의 아들을 낳을 거예요. 아이의 이름은 '예수'라고 하세요." 하나님께서 자신을 통해 하나님의 아들을 태어나게 하신다니…. 마리아는 이 엄청난 일이 도무지 믿기지 않았어요. 왜냐하면 자신은 아직 결혼을 하지 않았기 때문이에요. 그런데 아기를 낳다니! 있을 수 없는 일이죠.

천사가 계속 이야기했어요. "마리아, 하나님께서 못하실 일은 이 세상에 단 하나도 없답니다. 당신의 친척 엘리사벳도 나이가 많아 아기를 가질 수 없었지만, 하나님의 은혜로 지금 배 속에 아기가 자라고 있어요!" 그제야 마리아는 용기가 생겼어요. "네! 지금 하신 모든 말씀이 내게 이루어지기를 원합니다!" 마리아가 대답하자 천사는 사라졌어요. 마리아는 천사가 떠나고도 한참 동안 가슴이 콩닥콩닥 뛰었어요. 그리고 나이 많은 엘리사벳이 하나님의 은혜로 아기를 갖게 되었다는 말이 떠올라 얼른 그를 만나러 가야겠다고 생각했어요. 엘리사벳의 집은 아주 먼 산골 마을에 있었기 때문에 마리아는 서둘러 짐을 챙겨 출발했어요.

똑똑똑. 문 두드리는 소리에 밖으로 나온 엘리사벳은 천사의 말대로 이미 배가 볼록했어요. 그 모습을 본 마리아는 너무 기뻐서 엘리사벳을 와락 껴안으며 인사하고 축하했어요. 그리고 마리아와 엘리사벳은 천사를 만난 놀라운 이야기를 서로 나누었어요.

바로 그때, 하나님께서 비추시는 빛이 엘리사벳과 마리아를 따스하게 감쌌어요. 기쁨으로 가득 찬 엘리사벳은 큰 소리로 이렇게 외쳤어요. "마리아, 그대는 세상에서 가장 복 있는 여자예요. 그대가 품은 아기에게도 하나님의 복이 넘치네요! 오, 이럴 수가! 하나님의 아들을 낳을 분이 내게 오시다니!" 엘리사벳의 입에서 마리아를 향한 축복의 말이 폭포처럼 쏟아져 나왔어요. "하나님께서 하신 말씀이 이루어질 줄 믿는 마리아, 당신은 복으로 가득한 사람이에요!"

많은 나이에도 하나님의 은혜로 아기를 품게 된 엘리사벳과 결혼 전에 천사가 전해 준 놀라운 이야기를 듣고 달려온 마리아는 누구보다 서로를 이해하고 축복하며 따뜻하게 토닥여 주었어요. 그렇게 두 사람은 엘리사벳이 아기를 낳기 전까지 함께 지내며 의지했다고 해요.

어린이 여러분, 하나님의 놀라운 은혜를 받아 이곳에 모여 함께 예배드리는 우리도 마리아와 엘리사벳 같은 사이가 되길 바라요. 하나님의 사랑으로 서로를 축복하고 따뜻하게 토닥여 주는 사랑 넘치는 우리 어린이들이 되기를 소망해요.

함께 기도해요

하나님, 하나님의 놀라운 사랑으로 이곳에 모인 우리가 서로를 더욱 사랑하고 아낄 수 있기를 원합니다. 마리아와 엘리사벳처럼 우리도 서로 축복하고 격려하는, 하나님의 사랑이 넘쳐나는 어린이들이 되게 도와주세요. 예수님의 이름으로 기도합니다. 아멘.

2 단원

예수님의 기적

주제 **예수님은 지금도 여전히 놀라운 기적을 펼치신다.**

성경에는 예수님이 일으키신 놀라운 기적 이야기들이 많습니다. 2단원에서는 그중 동물이나 상징과 함께 기억되는 네 가지 이야기를 배웁니다. 특히 1~3과의 기적 이야기는 공관복음서에 모두 등장하는데, 이는 기적이 예수님의 사역에서 중요한 한 축이었음을 말해 줍니다.

1과는 가다라 지방에서 있었던 일로, 이곳에서 예수님은 해안 절벽 무덤가에 살던 귀신들린 두 사람을 고쳐 주셨습니다. 가다라는 헬라파 사람들이 주로 살던 지역이었기에 유대인들은 이곳 주민을 배척했습니다. 그러나 예수님은 그들에게도 천국 복음을 전해 주셨습니다(마 4:25; 막 5:20; 7:31).

2과는 예수님이 회당장 야이로의 딸을 고쳐 주신 이야기입니다. 그의 집에 도착했을 때 열두 살 된 딸은 이미 죽어 있었습니다. 그러나 예수님은 소녀가 죽은 것이 아니라 잔다고 하시면서 "달리다굼!"이라고 하셨고, 그 말씀에 소녀는 살아났습니다. 달리다굼은 '소녀야, 일어나라'라는 뜻의 아람어인데, 마가복음에 이 말이 그대로 기록되었습니다.

3과는 예수님의 가르침을 듣고 병 고치는 은사를 보려고 많은 사람이 모였을 때 일어난 일입니다. 뇌졸중(중풍)에 걸린 병자를 데려온 사람들은 인파를 뚫고 집 안으로 들어갈 수 없자 지붕으로 올라가 기와를 벗겨내고 들것째 병자를 내렸습니다. 친구를 살리고자 최선을 다한 그들의 믿음을 보신 예수님은 병을 고쳐 주실 뿐 아니라 그의 죄까지 용서해 주셨습니다. "일어나 네 침상을 가지고 집으로 가라." 예수님의 말씀에 전신이 마비되어 꼼짝도 못하던 병자가 일어나 자기가 누웠던 들것까지 들고 하나님께 영광을 돌리며 돌아갔습니다.

4과는 요한복음에만 등장하는 이야기입니다. 시몬 베드로를 비롯한 여러 제자들이 부활하신 예수님을 만난 후 고향으로 돌아가 디베랴 호수에서 고기잡이를 하고 있었습니다. 밤새도록 그물을 내렸지만 한 마리도 잡지 못한 제자들에게 어떤 이가 다가오더니 그물을 배 오른편에 던지면 잡을 것이라고 했습니다. 제자들은 그가 누구인지 몰랐지만, 그대로 했더니 정말 많은 물고기를 잡게 됐습니다. 이후 그가 바로 예수님이라는 사실을 알게 된 제자들은 예수님과 함께 생선과 떡을 나누어 먹었습니다. 그때 잡은 물고기를 세어 보니 153마리였습니다.

마가복음 5장 36절

작곡:이화익
편곡:이화익

♩= 110

2단원

1 예수님을 만나면

배울 말씀 마가복음 5장 1~20절

새길 말씀 큰 소리로 부르짖어 이르되 지극히 높으신 하나님의 아들 예수여 나와 당신이 무슨 상관이 있나이까 원하건대 하나님 앞에 맹세하고 나를 괴롭히지 마옵소서 하니 (막 5:7)

뾰로롱~ 짜잔! 어린이 여러분, 혹시 마술쇼를 본 적이 있나요? 물건이 짠 하고 갑자기 생겨나기도 하고, 휙 사라져 버리기도 하는 마술쇼는 무척 신기해서 눈을 뗄 수 없어요. 대체 어떻게 하는 것인지 알고 싶어서 눈을 깜빡이지 않고 뚫어져라 쳐다보기도 하죠. 그런데 여러분, 여러 가지 속임수로 놀라움을 주는 마술쇼가 아닌 실제로 일어난 놀라운 기적 이야기가 있다고 해요. 바로 예수님이 하신 일들이에요. 예수님이 하신 일들에는 사람이 생각할 수도 없는 놀라운 것이 많아요. 속임수가 전혀 없는 실제로 일어난 일들이죠. 예수님이 어떤 일을 하셨는지 함께 볼까요?

예수님은 갈릴리 호수 반대쪽에 있는 동네로 배를 타고 가셨어요. 도시에서 떨어진 그곳에는 거라사 사람들이 모여 살고 있었는데, 마을 한편에는 미끄럼틀 같은 비탈길이 있었어요. 예수님께서 배에서 내리셨을 때, 어디선가 한 사람이 나타나 예수님께로 달려왔어요. 그는 무덤 사이에서 살고 있는, 사나운 군대 귀신 들린 사람이었어요.

그는 매일같이 지나가는 사람들을 향해 소리를 지르며 겁을 주었어요. 그래서 사람들이 쇠사슬로 묶어 보기도 했지만 매번 끊어 버렸고, 심지어는 스스로 자기 몸에 돌로 상처를 내기도 했어요. 정말 무시무시해요. 사람들은 모두 그를 피했어요. 그런데 그런 사람이 예수님을 향해 달려온 거예요. 대체 뭘 하려는 걸까요?

그는 멀리서 예수님을 보고는 곧바로 달려와 예수님 앞에 무릎을 꿇었어요. 그러고는 떨면서 큰 소리로 말했어요. "지극히 높으신 하나님의 아들 예수님, 나와 당신은 아무 상관이 없습니다. 제발 나를 괴롭히지 마세요!" 그 사람 안에 있던 귀신은 예수님을 보자마자 예수님이 자기보다 힘센 분임을 알았던 거죠. 예수님은 군대 귀신에게 말씀하셨어요. "더러운 귀신아, 당장 그 사람에게서 나와라!" 귀신들이 예수님께 말했어요. "우리를 쫓아내시려면 저기서 풀을 먹고 있는 돼지들에게 보내 주세요!" 예수님은 그렇게 하라고 허락하셨어요. 그랬더니 산기슭에서 풀을 먹고 있던 2천 마리나 되는 돼지 떼에게 귀신들이 우르르 들어갔어요.

그러자 돼지들은 놀라서 비탈길을 내달려 바다로 풍덩! 빠져 버렸어요. 귀신 들렸던 사람은 이제 예전의 평범한 모습으로 돌아왔어요. 아무도 쫓아내지 못했던 귀신을 예수님이 단 한마디로 쫓아내시자, 마을 사람들은 귀신보다 예수님을 더 무서워했어요. 그래서 자기들이 사는 곳에서 예수님이 떠나가 주시길 바랐어요.

하지만 귀신이 빠져나간 그 사람은 예수님이 무서운 분이 아니신 걸 알았어요. 오히려 예수님은 자신을 만나 주시고 완전히 변화시켜서 새로운 삶을 살게 해 주신 분이죠. 그는 더 이상 춥고 외로운 무덤 사이가 아닌 따뜻한 집에서 가족과 함께 살 수 있을 테고, 매일 상처가 나던 몸은 이제 피딱지와 고름 없이 깨끗해지겠죠. 심지어 사람들이 귀신 들렸다고 피하고 따돌릴 일도 더는 없을 거예요. 이렇게 그는 예수님을 만나고 자유를 얻게 되었어요.

그렇기에 그는 예수님을 따라가고 싶었나 봐요. 그 사람이 예수님께 말했어요. "예수님, 저도 예수님과 함께 다니게 해 주세요! 예수님을 따라가고 싶어요!" 그러나 예수님은 말씀하셨어요. "집으로 돌아가서 귀신이 어떻게 네게서 나가게 되었는지 가족들에게 꼭 전해 주렴." 그는 예수님을 따르고 싶었지만, 예수님 말씀에 순종하여 예수님이 자기에게 하신 놀라운 일을 가족과 마을 사람들에게 전했어요.

어린이 여러분, 귀신 때문에 너무 힘들었던 사람이 예수님을 만나고 나서 완전히 새로운 모습이 되었어요. 예수님은 정말 놀라운 분이에요. 그래서 우리가 예수님을 알고 예수님을 만나는 것 자체가 놀라운 일이고 기적이에요. 매일매일 예수님을 만나는 기적을 경험하길 바라요.

함께 기도해요

하나님, 감사합니다. 오늘 말씀을 통해 우리가 예수님을 알게 된 것 자체가 기적임을 배웠습니다. 예수님이 누구신지 알게 해 주셔서 감사합니다. 매일매일 예수님을 만나고 함께하게 해 주세요. 예수님의 이름으로 기도합니다. 아멘.

2단원

2 예수님만 믿으면

배울 말씀 마가복음 5장 21~23절, 35~43절

새길 말씀 그 아이의 손을 잡고 이르시되 달리다굼 하시니 번역하면 곧 내가 네게 말하노니 소녀야 일어나라 하심이라 (막 5:41)

예수님이 군대 귀신을 쫓아내는 놀라운 일을 하신 후 맞은편으로 배를 타고 건너가 가버나움에 계실 때예요. 많은 사람이 예수님을 보려고 바닷가에 모여 있었어요. 그때 갑자기 회당장 야이로가 예수님 앞에 나아오더니 무릎을 꿇고는 무언가를 정신없이 부탁했어요. 사람들은 그가 무엇을 부탁하는지 궁금해 했어요. 야이로가 예수님께 부탁한 것은 지금 자기 어린 딸이 죽게 되었으니, 딸을 살려 달라는 것이었어요. 그의 간절한 부탁을 들으신 예수님은 함께 그의 집으로 출발하셨어요.

예수님이 움직이시자 주위로 많은 사람이 모여들었어요. 그때 갑자기 예수님이 제자들에게 물으셨어요. "누가 내 옷에 손을 대었느냐?" 하지만 워낙 많은 사람이 에워싸고 있었기에 쉽게 알 수가 없었어요. 예수님께서 다시 말씀하셨어요. "내게서 능력이 나갔다." 다들 예수님 옷을 만진 사람을 찾느라 두리번거리던 그 순간 한 여자가 두려워 떨면서 예수님 앞에 나와서 말했어요. "예수님, 죄송합니다. 제가 오랫동안 병을 앓고 있는데, 예수님의 소문을 듣고는 예수님의 옷자락만 만져도 병이 나을 것 같아서 제가 손을 댔습니다." 그랬더니 예수님이 말씀하셨어요. "딸아, 믿음이 좋구나. 너의 믿음이 너를 살렸다. 네 병이 완전히 나았으니 이제 건강하게 살 거란다!" 세상에나! 예수님의 옷만 만졌는데 병이 나았어요!

이 일을 본 야이로는 마음이 더 급해졌어요. 여인에게 일어난 기적이 어서 빨리 자기 딸에게도 일어나길 바랐어요. 그런데 바로 그때, 야이로의 집에서 사람들이 와서는 그에게 말했어요. "당신의 어린 딸이 방금 죽었습니다. 너무 안타깝지만, 예수님께서 이제는 집에 오시지 않아도 될 것 같습니다." 그 말을 들은 야이로는 이제 더는 방법이 없다는 생각에 두려움과 슬픔에 빠졌어요. 어쩌면 그 여인이 왜 하필 지금 나타나 시간을 끌었을까 미운 마음이 생기고, 가던 길을 멈춰 서서 여인을 찾으신 예수님이 원망스러웠을지도 몰라요.

그런데 그들의 대화를 듣고 계시던 예수님이 야이로에게 "두려워하지 말고 믿기만 해라!"고 말씀하시는 것이 아니겠어요? 그는 예수님 말씀이 도대체 무슨 뜻인지 알지 못했지만, 예수님과 함께 집으로 갔어요. 그의 집은 딸의 죽음으로 인해 엉엉 우는 소리로 가득했어요. 그러나 예수님은 거기서도 "너희가 어찌하여 떠들며 우느냐. 이 아이가 죽은 것이 아니라 자고 있다."라고 말씀하시는 것이 아니겠어요? 사람들은 예수님의 말씀을 모두 비웃었어요. 여러분은 어떤가요? 죽은 사람에게 자고 있다는 예수님의 말씀이 믿어지나요?

예수님은 사람들의 비웃음을 신경 쓰지 않고 딸의 가족과 제자들만 데리고 딸이 누워 있는 곳으로 가서는 그의 손을 잡고 "달리다굼!"이라고 말씀하셨어요. 이 말의 뜻은 '소녀야, 일어나라!'라는 뜻이에요. 그런데 그 순간, 죽었다던 소녀가 예수님 말씀에 순종하듯 스르르 일어나더니 곧 걷는 게 아니겠어요? 아니, 죽었던 사람이 다시 살아나다니요! 그 모습을 보고 있던 사람들은 모두 깜짝 놀랐어요. 특히 아버지 야이로가 제일 놀랐죠. 예수님 덕분에 죽었던 어린 딸이 다시 살아나 자신에게로 돌아왔으니까요. 슬픔에 빠졌던 그는 정말 뛸 듯이 기뻤어요.

야이로는 예수님과 함께 집으로 가던 도중에 딸이 이미 죽었다는 소식을 듣고 너무나 슬펐어요. 하지만 두려워하지 말고 믿기만 하라는 예수님 말씀에 순종해서 함께 집으로 갔을 때, 죽었던 딸이 다시 살아나는 놀라운 일을 경험하게 되었어요.

어린이 여러분, 우리 가족 모두가 건강하게 지내는 것은 기적과도 같은 일이에요. 혹시 여러분 가족 중에 아픈 사람이 있나요? 아픈 가족이 있다면 오늘 말씀을 기억하며 그를 위해 예수님께 기도하는 어린이들이 되길 바라요.

함께 기도해요

하나님, 두려움과 슬픔 중에서 예수님 말씀을 따른 야이로의 믿음을 기억하게 해 주세요. 우리도 가족 중에 아픈 사람이 있을 때 예수님께서 고쳐 주실 것을 믿으며 간절히 기도하는 어린이들이 되게 해 주세요. 예수님의 이름으로 기도합니다. 아멘.

2단원

3 예수님께 나아가면

배울 말씀 누가복음 5장 17~20절, 25~26절

새길 말씀 예수께서 그들의 믿음을 보시고 이르시되 이 사람아 네 죄 사함을 받았느니라 하시니 (눅 5:20)

여러분, 지금까지 들은 설교를 한번 떠올려 볼까요? 예수님이 행하신 어떤 놀라운 일들이 있었죠? 맞아요. 귀신 들린 사람에게서 귀신이 쫓겨났고, 오랫동안 아팠던 여자가 예수님의 옷자락을 믿음으로 만지자 병이 나았어요. 그리고 죽었던 야이로의 딸이 살아나는 일이 있었죠. 모두 잘 기억하고 있네요.

예수님의 소문을 들은 많은 사람이 그 놀라운 일을 직접 보고 싶어서 오늘도 예수님이 계신 집 주변에 바글바글 모여 있어요. 너무 사람이 많아서 예수님께 가까이 가기가 어려웠어요. 그런데 그때, 뒤쪽에서 들것을 든 사람들이 나아오면서 "죄송합니다. 비켜 주세요! 예수님을 만나고 싶습니다! 제 친구가 매우 아파요. 예수님을 만나면 나을 것입니다. 길 좀 비켜 주세요!"라고 외치는 게 아니겠어요?

그러나 사람들은 듣는 둥 마는 둥 무시한 채, 예수님이 무슨 말씀을 하시는지, 무슨

일을 하시는지 듣고 보기에 바빴어요. 오히려 비켜 달라는 사람들에게 “이 큰 들것을 가지고 어떻게 들어가려고 그래요?”, “사람들이 다 흩어지고 나면 그때 다시 오세요!”라고 했어요. 그도 그럴 것이 수많은 사람을 헤치며 들것을 들고 지나가는 것은 아주 힘든 일이거든요.

그들이 들고 있는 들것에는 몸을 움직이지 못하는 병에 걸린 친구가 누워 있었어요. 예수님의 소문을 들은 친구들이 그의 오래된 병을 낫게 해 주고 싶어서 들것에 실어 예수님이 계신 곳으로 찾아온 거예요. 예수님께 나아갈 수 없게 되자 친구들은 고민하기 시작했어요. “어떤 방법이 있을까?”, “무작정 이렇게 기다릴 순 없어! 그러다가 아예 예수님을 못 만나게 되면 어떡해!” 그때 한 친구가 말했어요. “우리, 지붕을 뚫고 들것을 내려 보는 건 어때?” 당시에는 나뭇가지와 짚에 진흙을 덧발라서 집을 만들었기 때문에 지붕을 뜯어낼 수 있었거든요.

영차영차! 쿵! 쾅! 으쌰으쌰! 친구들은 아픈 친구가 누워 있는 들것을 들고 예수님이 계신 곳 지붕으로 올라갔어요. “예수님이 어느 쪽에 계셔? 이쪽이야? 이쪽 지붕을 뜯으면 돼?” 친구들은 예수님이 계신 쪽을 살피며 지붕을 뜯을 준비를 했어요.

그러고는 힘을 합쳐 드디어 지붕을 뜯었어요! 찌지직! 퍼버벅! 펑! 갑자기 위에서 흙먼지가 우수수 쏟아지니까 사람들이 놀라며 웅성댔어요. “어? 저기 봐! 저게 뭐지?” 구멍이 뻥 뚫린 천장에서 사람이 누운 들것이 천천히 내려오자 다들 눈이 동그래졌어요. 놀라긴 예수님도 마찬가지였겠죠. 그러나 놀란 것도 잠시, 예수님은 친구들의 간절한 마음이 예쁘다고 생각하셨어요.

예수님은 들것에 누워 있는 사람에게 말씀하셨어요. “일어나서 집으로 가라!” 그러자 그가 조금씩 몸을 움직이더니 마침내 두 발을 딛고 일어났어요! 예수님이 고쳐 주신 거

예요! 심지어 그의 죄까지 용서해 주시며 마음 역시 치료해 주셨죠. 그는 자신을 낮게 해 주신 하나님께 영광을 돌리며 들것을 들고 집으로 돌아갔어요.

아파서 오랫동안 몸을 움직이지 못하고 누워만 지내던 그 사람은 예수님을 만나 놀라운 일을 경험했어요. 이제 걷는 것을 넘어 달릴 수도 있게 되었어요. 그리고 스스로 밥을 먹을 수도 있게 되었죠. 그뿐만 아니에요. 지붕을 뚫었던 친구들, 예수님을 보기 위해 그곳에 모여 있던 사람들, 그리고 그의 가족까지 예수님의 놀라운 기적을 함께 경험했어요.

어린이 여러분, 오늘 말씀 속에 우리가 닮아야 하는 모습이 있어요. 그것은 지붕을 뚫어서라도 예수님을 만나면 병이 나을 거라고 생각한 친구들의 믿음이에요. 친구들의 믿음 덕분에 몸을 움직이지 못하던 사람이 예수님을 만나 놀라운 일을 경험했어요. 멋진 이야기죠? 여러분도 친구가 예수님을 만날 수 있게 도와주는 어린이들이 되길 바라요. 여러분 모두 그런 믿음을 가지길 소망합니다.

함께 기도해요

하나님, 몸을 움직이지 못하던 사람이 친구들의 믿음과 도움을 통해 죄를 용서받고 오래 앓던 병을 고침받은 이야기를 들었어요. 우리도 그런 믿음으로 친구들을 위해 기도하며 그들과 함께 예수님을 만나는 놀라운 일을 경험하게 해 주세요. 예수님의 이름으로 기도합니다. 아멘.

2단원

4 나를 만나러 오시는 예수님

배울 말씀 요한복음 21장 5~14절

새길 말씀 시몬 베드로가 올라가서 그물을 육지에 끌어 올리니 가득히 찬 큰 물고기가 백쉰세 마리라 이같이 많으나 그물이 찢어지지 아니하였더라 (요 21:11)

항상 예수님만 따라다녔던 제자들은 예수님이 돌아가시자 너무 슬펐어요. 앞으로 무엇을 해야 할지도 도무지 알 수 없었죠. 엄청 절망스러웠어요. 어느 날 베드로가 말했어요. "나는 예전처럼 물고기나 잡으러 갈게." 옆에 있던 다른 제자들도 고개를 끄덕였어요. "우리도 같이 가자." 그들은 원래 살았던 디베랴 호숫가로 돌아가 물고기를 잡으며 살기로 했어요. 예수님을 만나기 전에 하던 어부 일을 다시 하기로 한 거예요.

하지만 밤이 새도록 열심히 그물을 내려 보아도 물고기는 한 마리도 잡히지 않았어요. "아휴, 이렇게 노력했는데도 어쩜 한 마리도 안 잡힐 수가 있지?" 힘이 쭉쭉 빠지던 바로 그때였어요. 바닷가에 한 사람이 서서 그들

에게 물어 보는 거예요 "얘들아, 무얼 좀 잡았느냐?" 그들이 대답했어요. "못 잡았습니다." 그러자 그가 다시 말했어요. "그물을 배 오른쪽에 던져 보렴. 그러면 잡힐 거란다." 제자들은 그 사람의 말대로 배 오른쪽에 그물을 던졌어요. 그런데 이게 무슨 일인가요? 물고기가 너무 많이 잡혀서 그물을 들어 올릴 수가 없는 거예요! 밤새 한 마리도 잡히지 않던 물고기가 바닷가에 서 있는 그 사람의 말을 따르자, 그물이 찢어지도록 잡혔어요.

제자들은 깜짝 놀랐어요. "이게 도대체 몇 마리야?", "잠깐만. 이거 혼자서는 안 되겠는데? 그물을 배로 못 올리겠어. 도와줘!", "우리, 얼마나 많이 잡았는지 세어 보자. 진짜 많다!" 그물에 잡힌 물고기는 모두 153마리였어요. 제자들은 뛸 듯이 기뻤어요.

그때 갑자기 베드로는 바닷가에 서 있는 분이 누구인지 알 것 같았어요. 지금 일어난 이 일이 예수님을 처음 만났던 때와 비슷했거든요. 맞아요. 베드로의 생각대로, 그분은 십자가에 달려 돌아가셨다가 다시 살아나신 예수님이었어요. 베드로는 곧장 "예수님!"이라고 외치며 바다로 뛰어들었어요. 꽤 먼 거리였음에도, 다시 살아서 자신들을 만나러 오신 예수님이 너무 반가워서 조금이라도 빨리 뵙고 싶었거든요. 도착해서 보니, 예수님은 몸을 녹일 따뜻한 불을 미리 피워 두셨어요. 또 생선과 떡을 구워 아침 식사를 할 수 있게 준비해 두셨죠. 제자들은 도대체 어찌 된 영문인지 몰라 어리둥절했어요. 밤새 너무 피곤해서 잘못 보았나 싶기도 했죠. 분명히 십자가에서 돌아가신 예수님이 지금 눈앞에서 아침을 준비하고 계시다니 믿을 수 없었어요.

예수님은 절망에 빠진 제자들을 위해 다시 찾아오셨어요. 그들이 느끼고 있던 절망을 기쁨으로 바꿔 주시기 위해서였죠. 예수님을 다시 만나 마음이 회복된 제자들은 이제 자신들이 무엇을 해야 할지 확실히 알게 되었어요. 그건 바로 사람들에게 예수님의 이야기를 전하는 것이었어요. 예수님이 제자들에게 하셨던 것처럼, 다른 사람들도 새 힘을 얻고 새로운 삶을 살 수 있도록 말이에요.

이렇게 절망에 빠진 제자들에게 새로운 기쁨과 힘을 주신 예수님께서는 지금 우리도 만나고 싶어 하세요. 우리가 교회에 나와 예배하는 시간, 기도하는 시간뿐만 아니라, 우리가 예수님을 찾지 못하고 보지 못하는 때에도 예수님은 우리를 만나기 위해 찾아오신답니다.

예수님이 일으키신 기적 이야기들에는 물고기가 자주 등장해요. 오늘 말씀처럼 예수님 말씀 한마디에 물고기 153마리가 잡힌 이야기도 있고, 보리떡 5개와 물고기 2마리로 5천 명을 배불리 먹이신 이야기도 있어요. 그렇기에 옛날 사람들은 자기가 예수님을 믿는 사람임을 표시하는 암호로 물고기 모양을 사용했다고 해요. 우리 어린이들도 이제 물고기를 볼 때, 예수님이 하신 놀라운 기적 이야기를 생각하며 예수님을 떠올릴 수 있기를 바라요. 그리고 그 이야기를 세상에 널리 알리며 예수님을 전하는 어린이가 되길 축복해요.

함께 기도해요

하나님, 절망에 빠진 제자들을 찾아와 만나 주시고 따뜻하고 맛있는 아침밥과 더불어 용기를 주신 예수님의 이야기를 기억합니다. 우리도 언제나 예수님과 함께하며 예수님의 제자로서 새 힘을 얻어 용기 있게 살아가게 해 주세요. 예수님의 이름으로 기도합니다. 아멘.

3 단원

예루살렘의 사람들

주제 **예수님의 예루살렘 입성 후 일주일간 있었던 이야기**

3단원에서는 사순절과 관련된 상징들을 통해 예수 그리스도의 수난 이야기를 배우고, 그 의미를 생각해 봅니다. 시간 순서를 따르면, 4과에서 다루는 예수님이 어린 나귀를 타고 예루살렘에 입성하시는 이야기가 가장 먼저이고, 2~3과는 그 후 예루살렘에서 일어난 일입니다. 그러나 교회력의 종려주일에 맞추어 예루살렘 입성 이야기를 가장 마지막으로 배치했습니다.

1과는 예수님이 베다니 시몬의 집에서 식사하실 때의 이야기입니다. 한 여인이 나드 향유 한 옥합을 가지고 찾아오더니 예수님의 머리에 모두 부었습니다. 당시 나드 향유는 아주 값비싼 물건이었습니다. 제자들은 비싼 향유를 왜 낭비하느냐 발끈하며 분통을 터뜨렸습니다. 그러나 예수님은 그의 행동이 당신의 장례를 위한 일이라고 하시면서, 복음이 전파되는 곳마다 그가 한 일도 기억하게 될 것이라고 하셨습니다.

2과는 가룟 유다 이야기입니다. 예수님을 팔아넘길 생각을 하던 그는 결국 그 일을 실행에 옮겼습니다. 예수님을 팔고서 은돈 30냥을 받았습니다. 그러나 예수님이 돌아가신 후 양심의 가책을 느끼며 자기 행동을 후회했습니다. 예수님을 넘겨준 대가로 받은 돈을 제사장과 장로들에게 돌려주려 했지만 그들이 받지 않자 성소에 던져버리고는, 나가서 스스로 목숨을 끊었습니다.

3과는 예수님이 끌려가실 때 있었던 일입니다. 제자들은 모두 혼비백산하여 예수님을 버려두고 도망쳤습니다(마 26:56). 베드로는 예수와 함께 있는 모습을 봤다는 사람들의 말에 세 번이나 그를 모른다고 부인하고, 저주하며 맹세까지 했습니다. 그때 닭이 울었고, 그제야 베드로는 예수님이 하셨던 모든 말씀이 생각나 하염없이 흐느껴 울었습니다.

4과는 예수님이 예루살렘에 입성하시는 장면입니다. 어린아이부터 어른까지 많은 사람이 자기 겉옷을 벗어 길에 깔고 종려나무 가지를 흔들며 호산나를 외쳤습니다. 기쁜 마음으로 왕을 영접할 때 외치는 소리입니다. 그러나 예수님은 자신이 그들이 기대하는 메시아와 다르다는 사실을 보여 주시기 위해 평화의 동물인 나귀를 타셨습니다. 이후 사람들은 자신들의 기대와 다른 예수님을 한 치의 망설임도 없이 버렸습니다. 그러나 예수님은 그들을 끝까지 사랑하셨고, 하나님께서는 마침내 예수님을 다시 살리셨습니다.

로마서 5장 8절

작곡:이화익
편곡:이화익

3단원

1 나의 마음을 다해서!

배울 말씀 요한복음 12장 1~8절

새길 말씀 마리아는 지극히 비싼 향유 곧 순전한 나드 한 근을 가져다가 예수의 발에 붓고 자기 머리털로 그의 발을 닦으니 향유 냄새가 집에 가득하더라 (요 12:3)

흐음~ 어디서 좋은 향기가 나요. 향이 너무 좋아서 기분까지 덩달아 좋아져요. 여러분이 맡아 본 향기 중에 가장 좋은 향은 무엇인가요? 사랑하는 엄마의 냄새? 맛있는 치킨 냄새? 아니면, 집 안을 가득 채우는 향초 냄새?

성경에도 향이 좋은 아주 귀한 기름이 나오는데, 이것을 '향유'라고 해요. 당시 향유는 구하기 어려운 물건이었어요. 향유 만드는 재료를 아주 먼 나라에서 가지고 와야 했기 때문에 아무나 구할 수 없었어요. 향도 금방 사라져서 돌로 만든 비싼 병에 담고 뚜껑을 꼭꼭 막아서 보관해야 했대요. 그래서 향유는 값이 아주 비쌌어요. 한 사람이 일 년 동안 열심히 일해서 모은 돈으로 겨우 살 수 있을 만큼요. 그런데 오늘 성경에 나오는 여인은 이 귀한 향유를 아까워하지 않고 예수님께 모두 드렸어요. 어떤 사람인지 함께 만나 볼까요?

예수님께서 베다니라는 마을에 머무실 때 일이에요. 예수님은 제자들과 함께 시몬의 집에서 식사하고 계셨어요. 그곳에 한 여자도 있었는데, 이름은 마리아예요. 다들 맛있게 음식을 나누던 중 마리아가 갑자기 자리에서 일어서더니 향유가 담긴 병을 들고 예수님께 다가갔어요. 그러고는 향유를 예수님 발에 전부 부어 드렸어요. 온 집 안에 그 향기가 가득 퍼졌죠.

그 모습을 본 제자들은 깜짝 놀랐어요. “아니! 저렇게 비싸고 귀한 향유를 그냥 부어 없애다니! 아까운 줄도 모르나 봐!” 한 제자가 말했어요. 함께 식사하던 가룟 유다예요. 유다는 마리아에게 “차라리 그걸 팔아서 가난한 사람들을 도와주면 더 좋았을 텐데!”라고 꾸짖으며 크게 화를 냈어요. 그러자 예수님께서 제자들에게 말씀하셨어요. “그만하여라. 왜 이 여자를 혼내느냐? 이 여자는 나를 위해 좋은 일을 한 것이다.” 그리고 계속해서 말씀하셨어요. “가난한 사람들은 너희가 원할 때 언제든지 도와줄 수 있지만, 나는 항상 너희와 같이 있을 수 없단다. 이 여인 마리아는 자기 마음을 모두 담아 내게 향유를 부어 주었다. 나중에 내게 생길 일을 미리 준비한 것이지. 오늘 이 여인이 한 일은 온 세상에 내 이야기가 전해질 때마다 함께 전해져서 많은 사람이 기억하게 될 것이다.”

마리아는 예수님을 많이 사랑하고 존경했어요. 그래서 자기의 그 마음을 예수님께 향유를 모두 드려 표현했죠. 제자들은 마리아의 행동을 보고 화를 내며 소리쳤지만,

예수님은 마리아의 행동을 기뻐하셨어요. 마리아가 자기 마음을 다해 가장 귀한 것을 예수님께 드렸기 때문이에요. 예수님은 그런 마리아의 마음을 아셨기에 칭찬해 주신 거죠.

여러분, 지금은 사순절 기간이에요. 우리 죄 때문에 십자가에 달려 돌아가신 예수님의 사랑을 생각하는 기간이에요. 마리아가 자신이 가진 것 중에 가장 귀한 것인 향유로 예수님께 자기 마음을 표현한 것처럼, 사순절 기간에 예수님을 향한 여러분의 마음도 표현해 보길 바라요.

예수님을 향한 우리 마음을 어떻게 표현할 수 있을까요? 이번 사순절에는 예수님께서 가르쳐 주신 것들을 기억하면서 실천해 보면 어떨까요? 가장 먼저 "오직 예수님만이 내 마음의 주인이세요!"라고 고백해 보는 거예요. 언제나 어디서나 예수님을 가장 먼저 생각하는 거죠. 그리고 내 몸을 소중히 여기고 아끼는 것으로도 마음을 표현할 수 있어요. 나를 만들어 주신 하나님께 감사하며 몸을 더 소중히 여기고 사랑하는 거죠. 마지막으로 주위에 어려운 이웃이나 도움이 필요한 친구가 없는지 섬김의 마음으로 살피는 거예요. 만약 그런 친구가 있으면 마음을 다해 열심히 도와주고요. 바로 이런 여러분의 모습을 보며 예수님께서 마리아를 칭찬하신 것처럼 기뻐하실 것을 믿어요. 여러분 모두 그런 어린이가 되길 축복합니다.

함께 기도해요

하나님, 마음을 다해 가장 귀한 것을 드린 마리아처럼, 우리 마음을 예수님께 드리길 원해요. 사순절 기간에 내 마음을 모두 예수님께 드리고, 배운 말씀대로 따라 살 수 있도록 도와주세요. 예수님의 이름으로 기도합니다. 아멘.

3단원

2 빵빵! 내 마음의 운전사

배울 말씀 마태복음 26장 14~16절, 27장 3~8절

새길 말씀 그가 그 때부터 예수를 넘겨 줄 기회를 찾더라 (마 26:16)

여러분, 지난주 말씀을 기억하나요? 예수님이 제자들과 함께 식사하실 때, 마리아가 예수님 발에 향유를 부은 일이요. 그때 마리아의 행동을 보고 크게 화를 낸 사람이 있어요. 바로 가룟 유다예요. 오늘은 이 가룟 유다에 관한 이야기를 함께 나누어 보려고 해요.

유월절이 다가올 무렵, 대제사장들과 장로들은 예수님을 죽일 방법을 서로 의논하고 있었어요. 왜냐하면 예수님께서 자기가 하나님의 아들이라며 가는 곳마다 놀라운 일을 일으켜 많은 사람을 몰고 다니는 모습이 보기 싫었기 때문이에요. 그런데 마침 대제사장들과 장로들에게 가룟 유다가 찾아왔어요. 그는 예수님의 제자이지만, 대제사장들에게 예수님을 팔아넘기려고 생각하고 있

었거든요. 가룟 유다가 대제사장들에게 말했어요. "내가 예수님을 잡을 수 있게 도와 주면 나에게 얼마를 줄 수 있나요?" 대제사장들은 좋아하면서 즉시 유다에게 은돈 30개를 주었어요. 돈을 받은 유다는 대제사장들의 편이 되어 예수님을 언제 넘기면 좋을지 기회를 엿봤어요.

예수님이 겟세마네에서 기도를 마치고 제자들과 함께 계실 때, 가룟 유다는 대제사장들, 그리고 칼과 몽둥이를 든 사람들과 함께 예수님을 잡으러 가까이 다가갔어요. 그러고는 예수님께 입을 맞췄어요. 이 행동은 사람들에게 예수님이 누구인지 알려 주는 거였죠. 사람들은 유다의 신호를 보고 예수님을 붙잡아 끌고 갔어요. 잡혀가신 예수님은 대제사장들에게 재판을 받게 되었어요. 대제사장이 예수님께 물었어요. "예수, 당신이 정말 하나님의 아들 그리스도가 맞나요?" 그러자 예수님은 "그렇습니다. 내가 하나님의 아들, 그리스도가 맞습니다."라고 대답하셨어요. 예수님의 답을 들은 대제사장들과 주위에서 구경하던 사람들이 화를 냈어요. "저 사람이 하나님을 모독했다!" "하나님의 아들 그리스도라니! 말도 안 돼!" "저 사람을 당장 죽여라!"라고 소리쳤어요.

재판 결과를 들은 유다는 자기 행동을 후회했어요. 그래서 대제사장들을 찾아가 은돈 30개를 다시 돌려주려고 했지만, 그들은 이제 자신들과 상관없는 일이라며 받지 않았어요. 결국 유다는 돈을 성전에 던져 버리고 사라졌어요.

어린이 여러분, 가룟 유다는 예수님의 제자였어요. 하지만 그는 예수님을 배신했어요. 왜일까요? 왜 예수님을 배신하고 팔았을까요? 사실 유다는 예수님이 유대의 왕이 되면, 자신도 예수님을 따라 높은 자리에 오를 수 있을 거라고 생각했어요. 하지만 예수님은 유다가 생각한 왕의 모습과는 전혀 달랐어요. 예수님은 왕이 되기 위해 오신

것이 아니라, 사람들의 죄를 대신하기 위해 오셨기 때문이죠. 유다의 마음에는 예수님을 생각하는 마음보다 자기 욕심이 가득 차 있었기에 예수님을 배신하고 은돈 30개에 예수님을 팔아넘긴 거예요.

여러분, 달리고 있는 차 안에서 가장 중요한 사람이 누구일까요? 맞아요. 그 차를 운전하는 사람이에요. 운전대를 잡고 차를 움직이는 사람이 가는 방향도 정해야 하고, 안전하게 운전도 해야 해요. 그렇다면 우리 마음 자동차의 운전사는 누가 되어야 할까요? 내 마음이니 내가 내 뜻대로 운전해도 될까요? 아니에요. 우리 마음의 운전사는 예수님이셔야 해요. 예수님께서 여러분 마음의 주인이 되셔서 마음 자동차를 운전해 주셔야 해요. 왜냐하면 가룟 유다처럼 마음에 욕심이 가득해서 예수님보다 내가 하고 싶은 것, 갖고 싶은 것을 먼저 생각하며 마음 자동차를 운전하면 아주 위험하거든요. 그러니 우리 마음 자동차의 운전사는 예수님이라는 사실을 항상 기억해야 해요.

어린이 여러분, 매일 이렇게 기도해 보세요. "예수님, 내 마음의 주인은 예수님이세요. 내 마음 자동차의 운전사가 되어 주세요. 그래서 예수님이 기뻐하시는 삶을 살아갈 수 있게 도와주세요!" 이렇게 기도하는 어린이의 마음을 예수님이 빵빵! 인도해 주실 거예요.

함께 기도해요

하나님, 우리도 가룟 유다처럼 욕심이 커질 때가 있어요. 하지만 내 마음의 주인, 운전사는 예수님 한 분뿐임을 기억하고 예수님께 내 마음을 맡길래요. 날마다 예수님이 기뻐하시는 모습으로 살아갈 수 있게 도와주세요. 예수님의 이름으로 기도합니다. 아멘.

3단원

3 겁쟁이 베드로

배울 말씀 마태복음 26장 33~35절, 69~75절

새길 말씀 이에 베드로가 예수의 말씀에 닭 울기 전에 네가 세 번 나를 부인하리라 하심이 생각나서 밖에 나가서 심히 통곡하니라 (마 26:75)

(닭 인형이나 사진을 준비한다.)

꼬끼오~ 오늘 닭을 한 마리 데리고 왔어요. 닭을 보면 제일 먼저 뭐가 생각나나요? 맛있는 치킨이 떠오르나요? 저는 닭을 보니 성경에 등장하는 어떤 사람이 떠올라요. 바로 여러분도 잘 아는 예수님의 제자, 베드로가 생각난답니다. 그 이유를 말씀을 들으면 알 수 있을 거예요. 잘 들어 보세요.

예수님과 열두 제자들이 유월절 저녁 식사를 하기 위해 한자리에 모였어요. 모두 이야기를 나누며 음식을 먹고 있는데, 예수님께서 뜻밖의 말씀을 하셨어요. "오늘 밤 너희 중 한 사람이 나를 배신할 것이다." 예수님의 말씀을 들은 제자들은 모두 깜짝 놀랐고 왠지 걱정이 되었어요. 저녁 식사를 마치

신 예수님은 제자들과 함께 산에 오르셨어요. 그리고 그곳에서 다시 한번 말씀하셨어요. “오늘 밤, 너희 모두가 나를 버리고 떠날 것이다.” 그때 베드로가 나서더니 단호하게 말했어요. “예수님, 저는 절대 예수님을 떠나지 않을 거예요. 다른 사람들이 모두 버리고 떠나도 저는 절대 그러지 않을 거예요!” 베드로의 말을 들으신 예수님이 말씀하셨어요. “베드로야, 너는 오늘 밤 닭이 울기 전에 나를 세 번 모른다고 말할 것이다.” 그러나 베드로는 절대 그럴 일 없다며 자신했어요.

예수님과 제자들이 산에서 기도를 마치고 내려오는 길에 칼과 몽둥이를 들고 예수님을 잡아가기 위해 기다리고 있는 사람들을 만났어요. 예수님은 그들에게 잡혀가 대제사장들 앞에서 재판을 받으셨어요. 베드로는 재판이 어떻게 진행되는지 궁금해서 멀찍이 떨어져서 지켜보고 있었어요.

그때 한 사람이 다가와 물었어요. “너도 예수와 함께 있던 사람이지?” 주위에 있던 사람들이 수군거리며 베드로를 쳐다보기 시작했어요. 당황한 베드로는 “뭐라고? 나는 그 사람이 누군지 몰라!”라고 말했어요. 예수님의 말씀처럼 베드로는 예수님을 모른다고 말한 거예요. 또 다른 사람이 말했어요. “예수랑 같이 있던 사람이 맞아요!” 그러자 베드로는 한 번 더 “아니라고! 나는 그 사람을 알지 못해!”라고 소리쳤어요. 두 번째, 예수님을 모른다고 했어요. 옆에 있던 또 다른 사람이 “당신은 예수와 같이 있던 사람이 맞아! 말투를 보면 알 수 있어!”라고 말했어요. 이번에 베드로는 뭐라고 했을까요? 이번에도 베드로는 화를 내면서 “아니라고! 정말 아니야! 나는 당신들이 말하는 그 사람을 정말 모른다고!” 하고 말했어요. 세 번째,

예수님을 모른다고 말했어요.

바로 그때 닭 울음소리가 들려왔어요. 베드로는 예수님께서 "오늘 밤 닭이 울기 전에 베드로 너는 나를 세 번 모른다고 할 것이다."라고 하신 말씀이 생각났어요. 그는 정말 세 번이나 예수님을 알지 못한다고 했어요. 예수님 말씀이 생각난 베드로는 엉엉 울었어요.

베드로는 예수님을 사랑하는 제자였어요. 그런데도 사람들이 예수님과 함께 있던 사람이라고 하자 절대 아니라고 부인했죠. 베드로는 왜 예수님을 모르는 척했을까요? 다른 제자들과 예수님 앞에서는 예수님을 버리지 않을 거라고 자신 있게 말했지만, 예수님을 죽이겠다며 화를 내는 사람들을 보자 무서운 마음에 사로잡혀 겁이 났을 거예요. 예수님처럼 잡혀갈 수도 있겠다는 두려운 생각에 모른다고 말했을 거예요.

그렇지만 지금 우리가 기억하는 베드로는 예수님의 제자 중 최고 제자예요. 비록 그날 밤 예수님을 모른다고 했지만, 그 후에는 많은 사람에게 예수님의 이야기, 복음을 전하면서 진정한 예수님의 제자로 살았답니다.

여러분, 우리도 예수님의 제자예요. 물론 우리에게도 베드로처럼 부족하고 연약한 모습이 있어요. 하지만 예수님께서는 우리의 그런 모습조차 다 아시면서도 우리를 끝까지 사랑해 주신답니다. 결국 베드로가 예수님의 멋진 제자가 된 것처럼, 여러분도 예수님의 멋진 제자가 되어 하나님의 일에 쓰임받기를 바라요.

함께 기도해요

하나님, 우리에게는 연약하고 부족한 모습이 많아요. 하지만 베드로처럼 예수님의 이야기, 주님의 복음을 전하는 멋진 제자로 살아가고 싶어요. 우리도 하나님의 일에 사용해 주세요. 예수님의 이름으로 기도합니다. 아멘.

3단원

4 예수님의 사랑을 기억해요

배울 말씀 마가복음 11장 1~11절

새길 말씀 앞에서 가고 뒤에서 따르는 자들이 소리 지르되 호산나 찬송하리로다 주의 이름으로 오시는 이여 찬송하리로다 오는 우리 조상 다윗의 나라여 가장 높은 곳에서 호산나 하더라 (막 11:9~10)

여기는 동물 유치원이에요. 기린 선생님과 함께 여러 동물 친구들이 한자리에 있어요. "여러분, 한 주 동안 잘 지냈나요? 오늘은 지난번에 이야기한 대로 각자 써온 가족 이야기를 친구들 앞에서 발표해 볼 거예요. 누가 먼저 해 볼까요?" 기린 선생님이 말씀하시자 제일 먼저 악어가 손을 들었어요. "저는 어제 이가 너무 아파서 엄마랑 같이 악어새 선생님 병원에 다녀왔어요. 가서 진찰해 보니 이가 썩었더라고요. 그렇지만 선생님이 아프지 않게 치료해 주셨어요. 엄마는 치료 잘 받았다고 장난감 자동차를 선물로 사 주셨어요." 악어가 발표를 마치자 이번에는 나귀가 손을 들었어요. "저는 옛날에 저희 할아버지가 쓰신 일기를 발견했는데 신기해서 가져왔어요. 잘 들어 주세요."

[할아버지 나귀의 일기]

어느 날 나는 주인님의 손에 이끌려 한 마을에 도착했다. 주인님이 잠시 자리를 비운 사이 두 남자가 슬그머니 다가오더니 나를 데려가려고 했다. 마침 주인님이 나타나서 두 남자에게 "왜 내 나귀를 데려가려고 하세요?"라고 물어 보았다. 그러자 그중 한 사람이 "예수님께서 나귀가 필요하다고 하셨어요. 예수님이 사용하실 거예요."라고 말했다. 그러자 주인님은 나를 두 남자에게 건네주었다. '예수님이 대체 누구신데 내가 필요한 걸까?' 궁금한 마음으로 사람들을 따라갔다.

얼마나 걸었을까? 드디어 도착한 곳에서 사람들은 내 등에 옷가지를 몇 개 펼쳐 덮어 주었다. 그러자 누군가 내 등에 올라탔다. 나는 깜짝 놀랐다. 나는 아직 어려서 한 번도 사람을 태워 본 적이 없었기 때문에 어떻게 해야 할지 몰라 당황했다. 겨우 정신을 차리고 '이분이 아까 두 남자가 이야기한 예수님일까?'라고 생각했다. 예수님이라는 분은 나를 타고 예루살렘 성 입구로 가셨다.

사람들은 예수님과 내가 가는 곳마다 자신들이 입고 있는 옷을 벗어서 길에 깔아 주었다. 그리고 정말 많은 사람이 큰 소리로 외치고 있었다. 소리가 너무 커서 어린 나는 깜짝 깜짝 놀랐지만, 뭐라고 외치는지 자세히 들어 보았다. 사람들은 손에 종려나무 가지를 하나씩 들고 "호산나! 호산나!" 하고 외쳤다. 나처럼 어린아이부터 할머니 할아버지까지 많은 사람이 모여서 "호산나! 주님의 이름으로 오시는 분을 환영해요!"라고 외치고 있었다. 호산나는 '우리를 구원해 주세요.'라는 뜻이라고 배웠는데, 사람들이 그렇게 외치고 있으니 내 등에 타신 예수님께서 사람들을 구원해 주실 분이라는 사실을 알게 되었다. 나는 예수님과 함께 사람들의 환영을 받으며 예루살렘 성으로 들어갔다. 사람들의 환영을 받으며 성에 들어가니 기분이 좋았다.

"우와, 나귀 할아버지의 일기 내용이 정말 멋져요. 발표도 아주 잘해 주었어요. 모두 박수!" 기린 선생님의 칭찬으로 나귀는 기분이 좋아졌어요.

어린이 여러분, 오늘 들은 동물 유치원 이야기를 잘 기억해 주세요. 나귀 할아버지가 예수님을 등에 태우고 예루살렘 성에 들어간 특별한 경험을요. 나귀 할아버지는 예수님이 사람들을 구원해 주실 분임을 알게 되었다고 했어요. 이게 어떤 뜻인지 알고 있나요? 어린이 여러분, '구원'이란 뭘까요? 구원은 우리의 죄가 사라지고 하나님 나라, 천국 백성이 되었다는 뜻이에요. 예수님은 사람들의 죄를 대신 지시고 십자가에 달려 돌아가셨어요. 예수님은 사람들을 정말 많이 사랑하시기 때문이에요. 사랑하기 때문에 자기 생명까지 우리에게 아낌없이 주셨답니다. 이러한 예수님의 사랑을 믿으면 우리도 하나님 나라, 천국 백성이 되지요. 이번 한 주, 예수님이 우리를 얼마나 사랑하셨는지 기억하면서 여러분도 예수님을 사랑하는 만큼 표현해 보기를 바라요.

함께 기도해요

하나님, 우리 죄를 대신 지시고 십자가에 달려 돌아가신 예수님의 사랑을 기억해요. 언제나 그 사랑을 마음에 새기고 감사하면서 하나님 나라 백성답게 살아가게 해 주세요. 예수님의 이름으로 기도합니다. 아멘.

4 단원 나를 상징하는 물건

주제 **내가 가진 것이 곧 나다.**

4단원에서는 성경 인물과 함께 떠오르는 여러 상징물에 대해 알아봅니다. 어떤 사건이나 인물과 엮이면서 독특한 의미를 갖게 된 것이 '상징' 또는 '상징물'입니다.

1과에서는 십자가가 언제부터 그리고 어떤 이유로 그리스도인과 교회를 의미하는 대표 상징물이 되었는지 알아봅니다. 본래 십자가는 사람을 고문하고 사형을 집행할 때 사용한 열 십(十) 자 모양의 형벌 도구입니다. 그러나 예수님의 죽음과 부활 이후 십자가는 예수 그리스도를 상징하게 되었고, 이후 예수 그리스도를 따르는 사람들, 즉 그리스도인을 뜻하는 종교적 의미를 갖게 되었습니다.

2과는 요시야 왕과 율법책에 관한 이야기입니다. 요시야는 8세의 어린 나이에 왕위에 올라 31년간 남유다를 다스렸습니다(대하 34:1). 통치 18년째가 되던 해(26세)에 하나님의 성전을 새롭게 단장하던 중 율법책을 발견했습니다. 그리고 유다와 예루살렘의 모든 사람과 함께 율법책에 기록된 내용을 큰 소리로 읽고, 그것을 지키며 믿음과 순종으로 하나님을 따르기로 약속했습니다. 요시야 왕은 제2의 종교개혁이라 불리는 대대적인 정결 작업과 영적 각성을 통해 백성의 잃어버린 신앙을 회복했습니다.

3과는 엄청난 괴력의 소유자 삼손 이야기입니다. 삼손은 우리에게 꽤 익숙한 인물이며, 특히 그의 긴 머리카락에 얽힌 이야기는 영화나 뮤지컬로도 만들어질 만큼 매우 유명합니다. 구약의 마지막 사사였던 삼손은 태어날 때부터 '나실인'이었습니다. 나실인이란 '구분(구별)된 자'라는 뜻으로, 일평생 또는 특별한 헌신을 위해 한시적으로 세상과 단절하고 스스로를 구별하여 하나님께 자신을 봉헌한 사람을 말합니다.

4과의 주인공은 세례 요한과 낙타털로 만든 그의 옷입니다. 요한은 '광야에 외치는 자의 소리(마 3:3)'라는 별명으로 불리기도 했고, 예수님께 '최고의 예언자(마 11:10, 메시지성경)', '여자가 낳은 자 중 가장 큰 자'라는 칭찬을 듣기도 했습니다(마 11:11). 낙타털 옷을 입고 메뚜기와 석청(야산이나 들판에서 채집한 야생 벌꿀)을 먹으며 광야에서 생활했다는 기록은 그가 철저하게 금욕과 경건의 생활을 하면서 복음을 전파했음을 보여 줍니다.

열왕기하 23장 3절

작곡:이화익
편곡:이화익

4단원

1 십자가가 왜 이렇게 많아요?

배울 말씀 마태복음 27장 21~26절, 33~37절

새길 말씀 그러나 내게는 우리 주 예수 그리스도의 십자가 외에 결코 자랑할 것이 없으니 그리스도로 말미암아 세상이 나를 대하여 십자가에 못 박히고 내가 또한 세상을 대하여 그러하니라 (갈 6:14)

여러분, 길을 가다가 교회를 본 적이 있죠? 아마 자주 보았을 거예요. 그런데 그곳이 빵집이나 유치원, 피아노학원이 아니라 교회라는 사실을 어떻게 알았나요? 맞아요. 대부분의 교회에 있는 십자가 덕분이에요. 우리는 건물에 십자가가 있으면 그곳이 교회라고 생각해요. 그런데 여러분이 알면 깜짝 놀랄 이야기가 있어요. 원래 이 십자가는 아주 큰 죄를 지은 사람에게 벌을 줄 때 쓴 도구였대요. 그런데 교회는 왜 그런 십자가를 걸어 놓은 걸까요? 성경 이야기를 잘 들어 보세요.

땅땅땅! 여기는 재판정이에요. 사람에게 죄가 있는지 없는지 살펴보고, 죄가 있으면 어떤 벌을 줄지 정하는 곳이에요. 이곳에 예수님이 끌려 오셨어요. 대체 무슨 잘못을 하

셨기에 여기 오신 걸까요? 사실 예수님은 아무 잘못이 없어요. 재판관인 빌라도도 예수님에게 잘못이 없다는 사실을 알고 있었죠. 예수님을 질투하고 미워하는 사람들이 예수님을 괴롭히려고 이런 일을 벌였다는 것도 알고 있었어요. 하지만 사람들은 많은 잘못을 저지른 죄인 바라바를 놓아 주고, 예수님에겐 벌을 주라고 외쳤어요. "예수를 십자가에 못 박아라! 십자가에 못 박아라!" 큰 소리로 외치는 사람들을 빌라도는 막을 방법이 없었어요. 그래서 결국 예수님을 십자가에 못 박도록 허락해 주었어요.

그렇게 예수님은 십자가에 못 박혀 죽으셨어요. 아무 잘못이 없으셨지만, 온 세상 사람들을 대신해 그 죄를 짊어지고 죽으셨죠. 왜냐하면 온 세상 사람들을 너무나 사랑하셨기 때문이에요. 사랑하는 사람들을 위해 예수님이 대신 벌을 받으신 거예요. 예수님이 십자가에 달려 돌아가심으로 우리는 모든 죄를 용서받았어요. 그리고 예수님은 다시 살아나 우리와 함께하세요. 결국 십자가는 이제 더 이상 무서운 벌을 주는 도구가 아니라, 우리를 사랑하시는 예수님을 나타내기에 교회마다 십자가를 걸어 두는 거랍니다.

어린이 여러분, 지금 함께 예배하고 있는 이곳에서 십자가를 찾아보세요. 어디에 십자가가 있나요? (상황에 따라 다음 내용을 변형한다.) 우리 예배실 앞에 커다란 십자가가 걸려 있어요. 성경책에도 그려져 있고, 여기 헌금함에도 새겨져 있어요. 헌금위원이 입는 옷에도 그려져 있네요. 여기저기 십자가가 참 많이 있죠?

우리는 이렇게 여러 곳에 십자가를 두고서 예수님을 생각해요. 십자가를 보면서 예수님이 사람들의 죄를 용서해 주셨다는 사실을 기억해요. 그리고 지금도 예수님이 우리와 함께하신다는 걸 기억해요. 십자가를 보며 예수님을 생각하다 보면, 모든 사람을 사랑하신 예수님의 마음을 느낄 수가 있어요.

그래서 성경에 나오는 바울은 "나는 예수님의 십자가만 자랑해요!"라고 말했대요.

새로 산 옷을 자랑하거나, 여행 다녀온 멋진 곳을 자랑하거나, 어제 먹은 맛있는 음식을 자랑할 수도 있지만, 바울에게는 그 무엇보다 십자가가 제일 자랑스러웠어요. 거기엔 우리를 향한 예수님의 가장 크고 깊은 사랑이 담겨 있으니까요. 그리고 세상에서 예수님의 그 사랑보다 더 귀한 것은 없으니까요.

여러분도 바울처럼 십자가를 자랑하는 어린이가 되길 바라요. 자랑하고 싶은 게 이것저것 많을 수 있어요. 하지만 예수님을 사랑하고, 예수님을 믿는 우리가 꼭 자랑해야 하는 십자가를 잊지 말아요. 그리고 이렇게 십자가를 자랑해 봐요. "이것 좀 보세요! 예수님이 나를 구원해 주시기 위해 이 십자가에 달려 죽으셨어요. 그리고 다시 살아나 지금도 나와 함께하신답니다! 나는 예수님을 사랑해요. 예수님이 자랑스러워요. 그래서 이 십자가를 자랑해요." 여러분의 자랑을 하나님이 기쁘게 들으시고, 그 자랑을 통해 더 많은 사람이 십자가를 보며 예수님의 사랑을 느끼게 되길 축복합니다.

함께 기도해요

하나님, 십자가에 달려 죽으신 예수님의 마음을 생각해요. 십자가를 볼 때마다 예수님의 사랑을 느끼게 해 주세요. 그리고 십자가를 자랑하는 우리와 함께해 주세요. 십자가를 통해 더 많은 사람이 예수님의 사랑을 느끼게 해 주세요. 예수님의 이름으로 기도합니다. 아멘.

4단원

2 돌돌돌 나를 펼쳐 보세요!

배울 말씀 열왕기하 22장 1~5절, 13절, 23장 1~3절

새길 말씀 왕이 단 위에 서서 여호와 앞에서 언약을 세우되 마음을 다하고 뜻을 다하여 여호와께 순종하고 그의 계명과 법도와 율례를 지켜 이 책에 기록된 이 언약의 말씀을 이루게 하리라 하매 백성이 다 그 언약을 따르기로 하니라 (왕하 23:3)

어린이 여러분, 안녕하세요? 나는 율법책이에요. 책처럼 안 생겼다고요? 나는 옛날 책이라서 그래요. 옛날에는 풀이나 동물 가죽으로 책을 만들었어요. 한 장 한 장 넘기는 책이 아니라, 돌돌돌 펴서 읽고 돌돌돌 말아 보관하는 책이죠. 내 안에는 하나님의 말씀이 적혀 있어요. 이 하나님 말씀은 모든 사람이 읽고 지켜야 할 약속이에요. 그런데 오랫동안 아무도 나를 찾지 않고, 아무도 나를 열어 보지 않았어요. 콜록콜록 먼지도 쌓였어요.

그러던 어느 날이에요. 뚝딱뚝딱, 땅땅땅, 시끄러운 소리가 울려 퍼지더니 어디선가 웅성웅성 사람들의 말소리가 들리네요. 우리 함께 귀를 기울여 볼까요? "어서 움직입시다! 하나님께 예배하는 성전의 부서진 곳들을 어서 고칩시다!" 제가 있는 곳의 부서지고 고장난 곳들을 고치고 있나 봐요. 아하! 사람들의 이야기를 들어 보니, 제가 있는 여기가 바로 성전인가 봐요.

나는 소리쳤어요. "여기요, 여기요! 나도 이 성전 어딘가에 숨겨져 있다고요! 다들 나도 좀 봐 주세요! 나를 이 캄캄한 곳에서 꺼내 주세요!" 하지만 내 목소리는 나무를 자르고 돌을 깎는 소리에 묻혀서 잘 들리지 않는 것 같아요. 계속 이렇게 캄캄한 어둠 속에서 먼지 쌓이며 살아야 하나 절망하던 그때였어요.

어디선가 눈부시게 환한 빛이 비치는 게 아니겠어요? 얼마 만에 보는 빛인지 몰라요. 나를 찾은 사람이 말했어요. "아니, 이게 뭐지? 율법책이잖아? 사반! 이거 좀 보세요." 그러자 사반이라는 사람이 나를 돌돌돌 펼치더니 내 안에 적힌 하나님 말씀을 읽었어요.

그러고는 나를 소중히 들고 어딘가로 갔어요. "왕이시여, 성전을 고치다가 이걸 찾았습니다. 이것 좀 보세요. 율법책입니다!" 사반은 나를 들고 왕에게로 간 거였어요. 나를 본 요시야 왕은 깜짝 놀랐어요. 아주 오랫동안 내 안에 적힌 하나님 말씀을 읽지도 않고, 하나님 말씀대로 살지도 않았다는 걸 깨달은 것 같았죠.

왕은 나를 데리고 다시 성전으로 갔어요. 그새 성전 앞에는 사람들이 아주 많이 모였어요. 여러분 같은 어린이도 있고, 할머니들과 할아버지들도 있고, 성전에서 나를 찾아낸 사람과 같은 옷을 입은 사람도 여럿 있었어요. 내 안에 적힌 하나님 말씀을 들으려고 이렇게 많은 사람이 모이다니! 나는 어깨가 절로 으쓱해졌어요.

왕은 나를 다시 돌돌돌 펼치더니 많은 사람에게 내 안에 적힌 하나님 말씀을 읽어 주었어요. 그리고 말씀을 읽고 들은 왕과 백성은 함께 약속했어요. 앞으로는 하나님을 따르고, 하나님 말씀을 마음과 정성을 다해 지키기로 말이에요. 왕과 백성은 약속 손가락을 꼭꼭 걸었어요.

어린이 여러분, 세상에는 책이 아주 많고 많아요. 하지만 하나님의 말씀을 담은 나는 그 책들과 달라요. 요시야 왕과 백성이 내 안에 적힌 하나님 말씀을 읽고 들으며 달라졌어요. 하나님만 믿기로 다짐하고, 하나님 말씀대로 살기로 약속했죠. 이렇게 하나님 말씀은 우리가 하나님을 더 사랑하고, 하나님만 바라보게 해요.

여러분 모두 성경책을 가지고 있죠? 성경책에도 하나님 말씀이 적혀 있어요. 요시야 왕과 백성처럼, 여러분도 성경책에 적힌 하나님 말씀을 읽고, 듣고, 배울 때마다, 그것을 기억하고 그 말씀을 꼭꼭 지키기로 약속해요. 그렇게 하나님 말씀을 읽고 지킬 때, 여러분 마음에 하나님을 향한 사랑이 더 커질 거예요. 그리고 하나님만 바라보게 된답니다. 여러분 모두 하나님이 주신 말씀을 잊어버리지 말고 매일 찾아 읽으며 하나님 말씀대로 살아가는 어린이가 되길 바라요.

함께 기도해요

하나님, 하나님의 말씀을 들려주셔서 감사해요. 성경책에 쓰인 하나님 말씀을 읽을 수 있게 해 주셔서 감사해요. 언제나 하나님 말씀을 기억하고 지키는 어린이가 되게 해 주세요. 말씀을 통해 하나님을 더 사랑하는 어린이가 되게 도와주세요. 예수님의 이름으로 기도합니다. 아멘.

4단원

3 힘의 비밀은, 머리카락?

배울 말씀 사사기 16장 4~31절

새길 말씀 삼손이 진심을 드러내어 그에게 이르되 내 머리 위에는 삭도를 대지 아니하였나니 이는 내가 모태에서부터 하나님의 나실인이 되었음이라 만일 내 머리가 밀리면 내 힘이 내게서 떠나고 나는 약해져서 다른 사람과 같으리라 하니라 (삿 16:17)

"우하하하! 나는 천하장사 삼손이다! 오~ 나의 들릴라, 사랑해요." 이 사람은 바로 삼손이에요. 나귀의 턱뼈 하나만 가지고도 혼자서 천 명이나 되는 사람들과 싸워 이길 정도로 힘이 센 사람이에요. 삼손은 도대체 어디서 이런 힘이 나오는 걸까요? 밥을 열 그릇씩 먹은 걸까요? 하나둘 하나둘! 운동을 열심히 해서 힘이 세졌을까요? 삼손의 힘의 비밀을 함께 알아봐요.

삼손은 '나실인'이었어요. 나실인이란 하나님께 드려진 사람을 말해요. 그래서 삼손은 태어나면서부터 '나는 하나님 거예요!'라는 의미로 몇 가지 약속을 지켜야 했어요. 그중 하나는 머리카락을 자르지 않는 거예요. 삼손은 약속대로 단 한 번도 머리카락을 자르지 않았어요. 하지만 그 약속만 지켰지, 함께 지켜야 하는 다른 약속들은 어기거나 외면했어요. 먹지 말라는 것을 먹고, 하나님이 만나지 말라고 하신 사람들을 만나 하나님을 속상하게 했어요.

그러던 삼손은 들릴라라는 여자와 사랑에 빠지게 되었어요. 어느 날 삼손 몰래 들릴라에게 사람들이 찾아왔어요. 이들은 삼손이 무시무시한 힘으로 코를 납작하게 해 주었던 블레셋 사람들이에요. 삼손의 힘에 무참히 당해 버린 블레셋 사람들은 삼손의 힘의 비밀을 알아내면 그를 이길 수 있을 것 같았어요. 그래서 꾀를 내어 들릴라를 찾아와 좋은 선물을 줄 테니, 삼손의 비밀을 알아오라고 한 것이죠.

욕심이 생긴 들릴라는 어느 날 삼손에게 별일 아닌 척 물었어요. "당신은 어째서 이렇게 힘이 세요? 그 힘의 비밀을 나한테만 살짝 알려 주세요." 그러자 삼손이 대답했어요. "마르지 않은 나무줄기 일곱 개로 나를 묶으면 나는 약해지고 말 거예요." 블레셋 사람들과 들릴라는 마르지 않은 나무줄기 일곱 개로 삼손을 꽁꽁 묶었어요. 어떻게 되었을까요? 팅~ 삼손이 단번에 줄을 다 끊어 버렸어요. 삼손이 들릴라에게 거짓말을 했던 거예요. 그다음에도, 또 그다음에도, 삼손의 힘의 비밀을 묻는 들릴라에게 삼손은 거짓으로 대답했어요.

그럼에도 들릴라는 포기하지 않고 날마다 비밀을 가르쳐 달라고 졸랐어요. 결국 삼손은 자기가 생각하는 힘의 비밀을 말해 주었어요. "들릴라, 내 힘의 비밀은 머리카락이에요. 내 머리카락을 없애면, 나는 힘을 잃어 보통 사람처럼 약해지고 말 거예요." 삼손의 힘의 비밀을 알게 된 들릴라와 사람들은

삼손의 머리카락을 모두 잘랐어요. 그러자 정말로 삼손의 힘이 온데간데없이 사라졌어요. 그 순간, 삼손이 하나님과의 약속을 자꾸만 어겨서 너무 속상하셨던 하나님도 삼손을 떠나가셨기 때문이에요. 결국 삼손은 블레셋 사람들에게 잡혀가 놀림을 당하고, 힘든 일을 하게 되었죠.

어느 날 블레셋 사람들은 하나님이 아닌 다른 신을 섬기는 곳 기둥에 삼손을 묶어 놓고 또 삼손을 놀렸어요. 삼손은 하나님께 간절히 기도했어요. "제발 저에게 한 번만 더 힘을 주세요." 그러자 놀랍게도 삼손에게 다시 힘이 생겨났고, 삼손은 엄청난 힘으로 기둥을 넘어뜨려 블레셋에 복수했답니다.

어린이 여러분, 삼손의 힘의 진짜 비밀이 뭐였을까요? 삼손이 생각한 대로 머리카락이었을까요? 아니에요. 삼손의 힘의 진짜 비밀은 바로 하나님이었어요. 삼손이 하나님과의 약속을 지키지 않고, 하나님을 속상하게 하고, 하나님과 함께하지 않자, 삼손에게서 힘이 사라진 거예요. 그러다가 삼손이 다시 하나님을 생각하고 기도하자, 하나님은 삼손에게 다시 한번 힘을 주셨죠.

우리에게 힘을 주시는 분도 하나님이에요. 가족과 친구를 주신 분도, 시원한 바람과 멋있는 나무, 향기로운 꽃을 주신 분도 하나님이시죠. 그런데 우리는 이 사실을 잊고 살 때가 많아요. 우리가 힘을 낼 수 있는 것도, 하하호호 행복할 수 있는 것도 하나님 덕분이라는 걸 꼭 기억하세요. 그 행복을 빼앗기지 않는 여러분이 되길 바라요.

함께 기도해요

하나님, 우리와 함께해 주셔서 감사합니다. 나에게 힘을 주시는 분도, 행복을 주시는 분도 하나님이신 걸 믿어요. 하나님만 의지하며 하나님께 기쁨을 드리는 어린이가 되길 원합니다. 우리와 함께해 주세요. 예수님의 이름으로 기도합니다. 아멘.

4단원

4 낙타털 옷을 입은 사람

배울 말씀 마태복음 3장 1~12절

새길 말씀 이 요한은 낙타털 옷을 입고 허리에 가죽 띠를 띠고 음식은 메뚜기와 석청이었더라 (마 3:4)

(설교자가 성가대 가운을 입고 나타난다.)

짜잔! 어린이 여러분, 이 옷이 무슨 옷일까요? 이 옷을 입으니 어떤 사람 같나요? "할렐루야! 할렐루야!" 찬양하는 사람 같죠? 우리는 어떤 사람이 입은 옷을 보고 그 사람이 뭐 하는 사람인지 알 수 있을 때가 많아요. 뜨거운 불 속에서도 견딜 수 있는 튼튼한 옷을 입고 헬멧을 쓴 사람을 보면 '소방관이구나!' 알 수 있어요. 하얀색 옷을 입고 길쭉한 모자를 쓴 사람은 요리사, 같은 하얀색 옷이어도 청진기를 목에 걸고 있는 사람을 보면 의사인 걸 알 수 있어요.

오늘 성경에 나오는 사람도 특별한 옷을 입고 있었어요. 바로 낙타털로 만든 옷이죠. 낙타털 옷은 우리가 입는 부드럽고 따뜻한 털

옷과는 달리 무척 까칠까칠했답니다. 이 옷을 입는 사람은 '요한'이에요. 요한은 다른 옷으로 갈아입지 않고 날마다 똑같은 낙타털 옷만 입고, 가죽으로 된 허리띠를 맸대요. 그래서 요단강 주변에서 낙타털 옷을 입고 가죽띠를 맨 사람을 보면 단번에 요한임을 알아볼 수 있었답니다.

요한이 낙타털 옷을 좋아해서 매일 같은 옷을 입었던 걸까요? 아니에요. 아주 중요한 이유가 있었어요. 옛날 옛날에 요한처럼 낙타털 옷을 입고 하나님의 말씀을 전한 선지자가 있었어요. 사람들은 낙타털 옷을 입은 선지자가 다시 나타날 거라고 생각했어요. 그리고 낙타털 옷 선지자가 나타나면, 세상 모든 사람을 구원해 줄 왕이 올 거라고 믿었죠. 요한은 사람들을 구원해 줄 왕이 예수님이라는 걸 알았어요. 그래서 예수님이 오실 시간이라는 걸 사람들이 알아차릴 수 있도록 낙타털 옷을 입고 있었던 거예요.

사람들은 자신들을 구원해 줄 왕을 만나기 전에 더러운 죄를 깨끗하게 씻고 싶었어요. 그래서 요한은 요단강에서 하나님께 죄를 고백하는 사람들을 만났어요. 그리고 그들의 죄를 하나님께서 용서해 주셨음을 상징하는 '세례'를 베풀었어요. 요단강 물로 사람들을 씻으며 "당신의 죄가 깨끗하게 씻어졌습니다. 당신은 이제 하나님의 자녀로 다시 태어났어요."라고 말해 줬어요. 그래서 사람들은 요한을 세례를 베푸는 요한, 즉 '세례 요한'이라고 불렀어요.

세례 요한은 사람들이 세상을 구원해 주실 왕으로 오시는 예수님을 알기를 바라는 마음으로 낙타털 옷을 입었어요. 그리고 열심히 하나님 말씀을 전했어요. 낙타털 옷이 아닌 다른 옷은 전혀 입지 않고, 먹는 것도 시들어서 땅에 떨어진 열매들을 주워 먹으며 살았어요. 오늘은 어떤 옷을 입을지 고민하고, 무얼 먹을지 고민하는 시간에 한 사람에게라도 더 하나님 말씀과 예수님의 오심을 전하고 싶었던 게 아닐까요? 또 좋은 것을 입고 먹는 것보다 예수님을 위해 살아가는 게 더 중요하다고 생각했기 때문일 거예요. 그 정도로 세례 요한은 예수님만 생각하고, 예수님을 위해서만 살았어요.

우리는 어떻게 예수님을 위해 살 수 있을까요? 교회에 친구나 가족을 초대하거나, 함께 성경책을 읽으며 예수님을 전할 수 있어요. 그뿐만이 아니에요. 지금껏 읽고 배운 성경 말씀을 잊지 않고 "예수님이 친구를 사랑하라고 하셨지!", "예수님이 용서하라고 하셨지!" 하며 날마다 지키면서 살아갈 수 있어요. 예수님 말씀을 기억하고 지키며 살아가는 여러분을 보시면 예수님이 얼마나 행복해하실까요? 그게 바로 우리가 예수님을 위해 사는 방법이에요. 여러분도 세례 요한처럼 예수님을 더 많이 생각하고, 예수님을 위해 살아가는 어린이가 되기를 바라요.

함께 기도해요

하나님, 세례 요한이 예수님만 생각하고 예수님을 위해 살았다는 걸 알게 해 주셔서 감사해요. 우리도 예수님을 더 많이 생각할래요. 예수님을 위해 살아갈래요. 날마다 예수님 말씀을 기억하고 지키며 살아갈 수 있게 도와주세요. 예수님의 이름으로 기도합니다. 아멘.

5 단원

나의 동물 짝꿍

주제 **하나님은 동물을 통해서도 당신의 뜻을 펼치신다.**

5단원은 구약의 위대한 선지자들과 짝이 되는 동물들의 이야기입니다. 선지자들이 맡겨진 사역을 시작하거나 신앙을 드러낼 때 동물들이 어떤 역할을 했는지 살펴보면서, 하나님께서 당신의 정의와 사랑을 베풀기 위해 동물들을 어떻게 사용하셨는지를 배웁니다.

1과의 동물은 비둘기입니다. 성경에서 비둘기는 평화의 상징이나 메시지를 전달하는 역할로 등장합니다. 노아는 홍수 후 방주 바깥의 상황을 알아보려고 비둘기를 내보냈습니다. 처음 날려 보냈을 때는 앉을 곳을 찾지 못했던 비둘기가 두 번째에는 감람나무 새순을 물고 돌아왔습니다. 그리고 7일 후 다시 내보냈을 때는 돌아오지 않았습니다. 이것으로 노아는 대홍수가 마침내 끝났음을 알게 되었습니다. 비둘기는 대홍수의 마침을 알리는 징표로 사용되었습니다.

2과의 동물은 까마귀입니다. 엘리야는 기원전 9세기경 북이스라엘에서 활동한 선지자입니다. 그의 예언대로 3년 6개월 동안 나라에 극심한 가뭄이 있었는데, 그때 하나님께서 엘리야를 그릿 골짜기에 숨기시고, 까마귀를 보내 아침저녁으로 떡과 고기를 공급해 주셨습니다. 하나님은 까마귀를 엘리야의 생명을 살리는 도구로 사용하셨습니다.

3과에 나오는 요나는 기원전 8세기 여로보암 2세 때 북이스라엘에서 활동한 예언자입니다. 하나님께서 앗시리아의 수도 니느웨로 요나를 보내 말씀을 전하게 하셨는데, 그는 이를 거역하고 욥바 항구에서 다시스로 가는 배를 타고 달아났습니다. 배는 큰 풍랑을 만났고 요나는 바다에 던져졌지만, 다행히 큰 물고기에게 먹히는 바람에 목숨을 건졌습니다. 큰 물고기는 3일 후 요나를 해변에 뱉어냈습니다. 물고기는 요나를 살릴 뿐만 아니라, 당신의 명령을 거역한 그를 회개와 순종으로 이끌어 주시는 하나님의 도구였습니다.

4과에 등장하는 다니엘은 바벨론으로 끌려간 유대의 포로였음에도 다리오 왕의 신임을 얻어 나라의 총리가 되었습니다. 이러한 다니엘을 시기 질투한 다른 두 총리와 지방 관리들은 그를 없앨 비열한 음모를 꾸몄습니다. 그러나 다니엘은 굴복하지 않고 신앙을 지켜 늘 해오던 대로 하루에 세 번씩 하나님께 기도했습니다. 이 일로 결국 다니엘은 사자 굴에 던져졌습니다. 하지만 하나님은 그를 털끝도 상하지 않게 지켜 주셨습니다.

열왕기상 17장 4절

♩=65

작곡:이화익
편곡:이화익

5단원

1 희망 배달부

배울 말씀 창세기 8장 1~19절

새길 말씀 저녁때에 비둘기가 그에게로 돌아왔는데 그 입에 감람나무 새 잎사귀가 있는지라 이에 노아가 땅에 물이 줄어든 줄을 알았으며 (창 8:11)

쫑긋쫑긋! 거실에서 장난감 놀이를 하던 예담이가 현관문 근처에서 혹시 무슨 소리가 나지 않는지 귀 기울여 듣고 있어요. '오늘은 택배 아저씨가 장난감을 배달해 줄까?' 예담이는 며칠 전 엄마와 함께 인터넷으로 주문한 블록 장난감이 배달되기를 기다리며 귀를 쫑긋 세우는 중이에요. 장난감을 기다리는 동안 새로운 장난감을 만날 생각에 기대가 되기도 하고, 시간이 너무 느리게 흐르는 것 같아 초조하기도 해요. 이렇게 귀를 쫑긋하며 기다리는 예담이처럼, 밖에서 들리는 소리를 주의 깊게 들으며 무언가를 기다리는 사람이 오늘 말씀에 나와요. 바로 노아 할아버지예요.

노아와 그의 가족은 지금 커다란 배 안에 있어요. 하나님께서는, 자꾸만 나쁜 일을 하

며 하나님을 멀리하는 사람들 때문에 너무 속상하셨어요. 결국 많은 비를 내려서 세상을 잠기게 하는 큰 벌을 내리기로 하셨죠. 하지만 그런 상황에서도 변함없이 이웃을 사랑하고 하나님을 사랑하는 노아를 보셨고, 그래서 노아와 그 가족만은 살리려 커다란 배를 만들게 하셨답니다.

노아 가족과 동물들이 함께 탄 배는 하나님의 인도하심에 따라 둥실둥실 떠다녔어요. 그렇게 얼마나 지났을까? 하루는 쿵 하는 소리가 나더니 배가 멈춰 섰어요. 어떤 산에 걸려서 멈춘 거였어요. 노아는 그때 어떤 생각을 했을까요? 빨리 밖에 나가 보고 싶고 앞으로 어떤 일이 일어날지 기대도 됐지만, 또 한편으론 걱정도 되었을 거예요.

한동안 바깥 상황을 궁금해하며 기다리던 노아는 어느 날, 그동안 닫혀 있던 배의 창문을 활짝 열고 까마귀 한 마리를 내보냈어요. 그런데 날개를 활짝 펴고 날아오른 까마귀는 땅에서 물이 마르기를 기다리며 이리저리 계속 날아다니기만 했어요.

그러자 노아는 이번에는 비둘기를 날려 보내 땅에서 물이 얼마나 빠졌는지 알아보고자 했어요. 얼마 후 비둘기가 구구구 소리를 내며 다시 배로 돌아왔어요. 만약 비둘기가 말을 할 수 있었다면 아마 노아에게 이렇게 말했을 거예요. "구구구. 아직 땅이 마르지 않았다구. 맛있는 씨앗도 하나도 없다구. 조금 더 기다려야 한다구. 아직 세상의 물이 다 빠지지 않았다구." 노아는 하나님이 보호해 주시는 배 안에서 가족과 동물들과 함께 일주일을 더 기다렸어요.

그런 다음 창문을 활짝 열고 다시 비둘기를 날려 보냈어요. 하루 종일 궁금해하며 창문

을 향해 귀를 쫑긋 세우고 기다린 노아 할아버지에게 이번엔 어떤 소식이 전해졌을까요? 저녁이 되었을 때, 구구구 비둘기 소리가 들려왔어요. 다시 돌아온 비둘기는 부리에 잎사귀 하나를 물고 있었어요. 비둘기가 바깥에서 보고 온 것을 노아에게 직접 전해 주지는 못했지만, 입에 물고 온 파릇파릇한 잎사귀를 본 노아는 금방 알 수 있었어요. 비둘기가 "구구구. 물이 줄어들어 키 큰 나무들이 보이기 시작했다구. 조금만 더 기다리면 나갈 수 있다구."라고 말하고 있다는 것을요.

이처럼 비둘기는 얼마나 더 기다려야 할지, 어떤 일이 일어날지 알 수 없었던 노아에게 생명이 자라나는 땅을 다시 볼 수 있다는 희망과 함께, 여전히 일하고 계시는 하나님을 느끼게 해 주었어요. 그래서 노아는 하나님께서 "이제 배에서 나와라!"라고 말씀하실 때까지 기쁜 마음으로 기다릴 수 있었답니다.

'희망'은 앞으로 잘될 수 있다고 믿는 마음이에요. 노아는 비둘기를 통해 이런 희망을 품을 수 있었어요. 어린이 여러분도 노아의 비둘기처럼 주변 사람들에게 "할 수 있어! 힘내!"라는 응원과 함께 희망을 전해 주는 '희망 배달부'가 되어 보세요. 무엇보다 세상에서 가장 큰 힘이 되는, 우리를 도우시는 하나님의 사랑을 전해 주는 희망 배달부가 되길 바라요.

함께 기도해요

하나님, 오랫동안 오직 하나님만 믿으며 참고 기다린 노아에게 비둘기를 통해 희망을 전해 주신 하나님의 사랑을 배웠어요. 우리도 희망을 전하는 희망 배달부가 되게 해 주세요. 우리를 위한 가장 큰 희망인 하나님의 사랑을 기억하며 많은 사람에게 전하게 도와주세요. 예수님의 이름으로 기도합니다. 아멘.

5단원

2 까마귀의 심부름

배울 말씀 열왕기상 17장 1~6절

새길 말씀 그 시냇물을 마시라 내가 까마귀들에게 명령하여 거기서 너를 먹이게 하리라 (왕상 17:4)

(설교자 외 '까마귀' 역할 교사가 필요하다. 까마귀 역할을 맡은 교사는 설교 PPT 마지막 슬라이드의 까마귀 그림으로 머리띠를 만들어 착용한다.)

설교자 어린이 여러분, 오늘은 까마귀 친구와 함께 왔어요. 그런데 까마귀가 무슨 생각을 골똘히 하는지 앞으로 나오지를 않네요. 우리 까마귀를 불러서 무슨 일인지 물어 볼까요? 까마귀야, 나와 봐. 도대체 왜 그래?

까마귀 (예배실 뒤쪽에서 천천히 앞으로 걸어 나오며) 흠, 나는 지금 생각이 너무 많다악. (고기 한 덩어리를 바라보며) 맛있어 보이는 이 고기를 하나님께서 엘리야에게 가져다주라고 하셨다악. 정말 엘리야에게 가야 할까? 내가 그냥 다 먹어 버리면 안 될까악?

설교자 까마귀가 왜 이런 고민에 빠지게 됐는지 자세한 이야기를 들려줄게요. 하나님께서 까마귀에게 그릿 시냇가에 있는 엘리야한테 매일 두 번씩 고기를 배달하라고 시키셨어요. 엘리야가 누구냐면, 하나님 말씀을 사람들에게 알려 주는 예언자인데 지금 숨어 있는 중이에요.

이스라엘 백성은 하나님을 잊어버렸어요. 하늘에서 비를 내리게 하고, 땅의 곡식들이 풍성하게 열매 맺게 해 주는 다른 신이 있다고 생각했어요. 심지어 백성을 올바른 길로 이끌어야 하는 왕까지도 하나님이 금지하신 다른 신들을 만들며 하나님을 멀리하고 있으니, 하나님이 얼마나 속상하셨을까요? 그래서 하나님은 엘리야를 불러서 왕 앞에 나아가 "살아 계신 하나님께서 이 땅에 비 한 방울도 내리지 않게 할 것이오."라고 말하도록 하셨어요. 엘리야는 하나님 말씀대로 했고, 그의 말을 들은 왕은 머리끝까지 화가 나서 지금 무섭게 엘리야를 쫓고 있답니다. 그러니까 엘리야가 어디 숨어 있는지는 비밀!

까마귀 (검지를 입 가까이에 대며) 쉿! 그래서 하나님께서 그릿 시냇가로 나를 보내셨다악. 어떻게 해야 할까? 하나님 말씀대로 엘리야에게 고기를 배달해야 할까악? 아니면 내가 먹어야 할까악? (머리를 만지며) 나는 머리가 까매져서 아무 생각이 안 나니 여러분의 생각을 나에게 알려 주면 좋겠어. 자, 내가 하나님 말씀대로 엘리야에게 가야 한다고 생각하면 고개를 끄덕끄덕해 주세요. 그리고 엘리야에게 가지 말고 그냥 먹어라 하는 친구는 고개를 절레절레 흔드는 거예요. 하나, 둘, 셋! (어린이들을 죽 둘러보고) 아, 하나님 말씀대로 하라는 친구들이 많군! 그렇다면 배달을 가겠다악. 고마워. 그럼 출발! (예배실 출구로 빠져나가고, 설교자는 까마귀에게 손을 흔든다.)

설교자 여러분 덕분에 까마귀가 하나님 말씀대로 배달을 갔네요. 엘리야는 까마귀를 반겨줬을까요? 고기를 배달하는 까마귀는 그곳에서 무엇을 보고 느꼈을까요?

(가슴에 하트를 붙인 까마귀가 행복한 얼굴로 설교자를 향해 다시 걸어들어온다.)

설교자 어머! 까마귀야, 잘 다녀왔어? 무엇을 보고 왔는지 우리에게 들려줘. 엘리야 선지자는 무사하시니?

까마귀 너희에게 물어 보길 정말 잘했다악. 날아다니다 보니 정말 엘리야 선지자가 말한 것처럼, 땅이 메마르고 물이 하나도 없었다악. 하나님이 알려 주신 시냇가에 가 보니, 엘리야가 내가 올 것을 이미 알고 있었는지 편안하게 웃으며 나를 반겨 주었다악. 엘리야에게 들었는데, 하나님께서 시냇가에 숨겨 주시면서 까마귀를 통해 먹을 것을 주겠다고 말씀하셨다고 한다악. 하나님이 나를 콕 집어서 엘리야를 먹이게 하겠다고 말씀하셨다니, 정말 너무너무 행복해. 까악!

설교자 와! 중요한 일이었구나. (까마귀를 쳐다보며) 네 덕분에 엘리야는 일꾼을 돌보시는 하나님의 사랑을 가득 느꼈을 거야. 아침저녁으로 하나님이 전해 주시는 음식을 먹으며 사랑을 느낀 엘리야는 얼마나 행복했을까! 까마귀야, 정말 잘했어!

어린이 여러분, 까마귀가 좋은 선택을 할 수 있게 도와줘서 고마워요. 하나님께서 까마귀를 통해 하나님의 일꾼을 돌보시며 사랑을 보여 주신 것처럼, 하나님을 믿는 우리도 다양한 방법으로 돌보고 사랑해 주세요. 지금 여기로 여러분을 오게 해서 마음껏 예배하며 찬양하게 하신 분도 바로 하나님이세요. 한 주 동안 다양한 모습으로 함께해 주시는 하나님을 느끼며 감사를 고백해 보세요. 다음엔 어떤 동물 친구와 함께 말씀 속으로 떠나게 될지 기대하며 다음 주일에 다시 만나기로 해요.

함께 기도해요

하나님, 하나님의 일꾼을 돌보고 사랑해 주시는 주님의 크고 깊은 마음을 까마귀를 통해 알고 느낄 수 있었어요. 하나님의 자녀인 우리도 엘리야처럼 돌보고 사랑해 주실 줄 믿어요. 이번 한 주도 하나님의 사랑과 도우심을 넘치게 느끼고 감사하며 살 수 있게 해 주세요. 예수님의 이름으로 기도합니다. 아멘.

5단원

3 하나님을 만나는 특별한 곳

배울 말씀 요나 1장 1~17절, 2장 10절

새길 말씀 여호와께서 이미 큰 물고기를 예비하사 요나를 삼키게 하셨으므로 요나가 밤낮 삼 일을 물고기 뱃속에 있으니라 (욘 1:17)

(풍선 안에 요나 그림[설교 PPT 활용]을 넣고 불어서 물고기 모양을 만들어 둔다. 풍선 꼭지는 바람을 쉽게 뺄 수 있도록 고무줄로 묶는다. 풍선 물고기를 보여 주며 설교를 시작한다.)

어린이 여러분, 여기 커다란 물고기 한 마리가 있어요. 그런데 물고기가 조금 이상해요. 눈 밑도 어둡고, 배가 터질 듯이 커져 있어요. 어디가 아픈 걸까요? 뻐끔뻐끔 입을 움직이는 물고기가 꼭 뭐라고 말을 하는 것 같아요. (물고기 입 근처에 귀를 갖다 대며 소리를 듣는 척한다.) 아하! 이야기를 들어 보니, 배 속에 뭐가 들어 있대요. 대체 뭘까요? 물고기 배를 손전등으로 살짝 비춰 볼게요. (손전등으로 물고기 배를 비추면 사람 모습이 보인다.) 와! 커다란 물고기 배 속에 작은 사람이 있는 게 보여요. 물고기가 이야기한 것이 바로 이 사람이었나 봐요. 이 사람은 누구일까요? 그리고 물고기 배에는 왜 들어가 있는 거죠? 오늘 말씀을 잘 들으면서 궁금증을 풀어 봐요.

성경에는 하나님 말씀에 쫑긋쫑긋 귀를 기울이고 그 말씀을 사람들에게 전하는 일을 한 많은 예언자가 나와요. 그런데 오늘 우리가 만날 예언자 요나는 다른 예언자들과는 조금 달랐어요. 예언자는 하나님 말씀에 순종하라고 하나님께서 보내신 사람인데, 요나는 예언자이면서도 하나님 말씀대로 행동하지 않았답니다.

어느 날 하나님께서 요나에게 말씀하셨어요. "요나야. 서둘러 니느웨 성으로 가서 나의 마음을 그들에게 전해 주렴. 그들의 잘못을 더는 보고 있을 수가 없구나." 하나님께서는 하나님을 믿지 않고, 온갖 나쁜 일을 벌이는 니느웨 사람들이 정말 안타까우셨어요. 그래서 요나를 통해 그들에게 마음을 돌이킬 기회를 주고자 하셨어요. 그런데 요나는 그런 하나님과 생각이 달랐어요. '니느웨 성은 우리 이스라엘을 괴롭히는 사람들이 가득한 곳이잖아. 그곳에 가고 싶지 않아.' 하나님의 말씀을 듣고 전해야 할 예언자가 하나님의 명령과 다른 생각을 하고 있네요. 결국 요나는 일부러 하나님이 말씀하신 곳과 반대 방향으로 길을 떠났어요. 걷거나 나귀를 타고 갈 수 있는 니느웨와 확실하게 더 멀어지기 위해서 배를 타기로 했답니다.

둥실둥실 배가 바다를 건널 때, 요나는 배 안에서 달콤한 잠을 자고 있었어요. 그런데 이런 편안함도 잠시, 하늘이 점점 어두워지더니 갑자기 큰 폭풍이 불기 시작했어요. 이 폭풍은 하나님이 보내신 거였어요. 파도가 계속 거세지면서 요나가 탄 배는 금방이라도 부서질 것만 같았어요. 하지만 요나는 바깥 상황은 까맣게 모른 채 여전히 쿨쿨 자고 있었어요. 선장은 요나를 깨워서 네 하나님께 이 폭풍을 멈추어 달라고 기도하라고 소리쳤어요. 배 안에 있던 사람들은 갑자기 거센 폭풍이 불어닥친 것은 누군가가 나쁜 짓을 해서 하늘이 화가 난 거라고 생각했어요. 그래서 제비뽑기로 누구 때문인지 가려 보자고 했어요. 역시나, 제비뽑기에 걸린 사람은 바로 요나였죠. 요나는 솔직하게 지

금 하나님의 명령을 외면하고 멀리 도망가는 중이라고 고백했어요. 그리고 자기를 바다에 던지면 폭풍이 잔잔해질 거라고 했어요.

정말 그렇게 됐어요. 요나를 바다에 던지자, 거짓말처럼 평온해졌어요. 바다 깊은 곳으로 가라앉으며 요나는 '이제 나는 물에 빠져 죽는구나.' 하고 절망했어요. 그러나 하나님은 요나를 그냥 죽게 내버려두지 않으셨어요. 커다란 물고기를 준비해 두셨다가 (풍선 물고기를 다시 꺼내며) 꿀꺽 삼키게 하셨어요. 요나는 물고기 배 속에서 3일 동안 하나님께 기도했어요. 이제는 하나님 말씀대로 따르겠다고요.

요나의 기도를 들으신 하나님은 물고기에게 요나를 토해내라고 명령하셨어요. (풍선 물고기의 바람을 살짝 빼며) 물고기가 푸우 하고 요나를 땅 위로 뱉어냈어요. 요나는 즉시 하나님 말씀대로 니느웨 성으로 가서 그곳 사람들에게 하나님 말씀을 전했답니다.

물고기 배 속에 있던 사람은 바로 예언자 요나예요. 하나님의 말씀보다 자기 생각대로 행동한 요나에게 물고기 배 속은 하나님을 기억하고, 하나님 말씀대로 따르기로 결심하게 된 특별한 곳이에요. 우리는 언제 어디서 하나님을 생각하나요? 하나님을 생각하는 어린이 여러분을 하나님은 지금도 기다리고 계세요.

함께 기도해요

하나님, 하나님 말씀을 듣지 않고 다른 길로 갔던 요나가 큰 물고기 배 속에서 하나님을 기억하고 기도함으로 돌아온 것을 배웠어요. 우리도 항상 기도하게 도와주세요. 그래서 내 생각이 아닌 하나님 말씀에 순종하며 하나님께서 기뻐하시는 삶을 살도록 이끌어 주세요. 예수님의 이름으로 기도합니다. 아멘.

5단원

4 무섭지 않아요

배울 말씀 다니엘 6장 10~17절, 20~23절

새길 말씀 이에 왕이 명령하매 다니엘을 끌어다가 사자 굴에 던져 넣는지라 왕이 다니엘에게 이르되 네가 항상 섬기는 너의 하나님이 너를 구원하시리라 하니라 (단 6:16)

어린이 여러분, 지금부터 하는 설명을 잘 듣고 어떤 동물인지 맞혀 보세요. ① 나는 밀림에 살아요. ② 나는 고양이와 비슷하게 생겼어요. ③ 나는 머리에 멋진 갈기가 있어요. 벌써 답을 아는 친구가 있는 것 같네요. 맞아요. 바로 사자예요. 사자를 '밀림의 왕'이라고 부르는 이유는 뭐니 뭐니 해도 크고 강한 '으르렁' 소리 때문일 거예요. 가족과 함께 동물원에서 사자를 본 적이 있죠? 그때 어땠나요? 분명히 두꺼운 유리 벽이 가로막고 있는 걸 알지만, 사자가 으르렁거리며 달려들면 나도 모르게 흠칫 놀란 경험이 있을 거예요. 이렇게 동물원 우리 안에 있는 사자 한 마리가 달려들어도 무서운데, 여러 마리가 있는 '사자 굴'은 정말 어마어마하게 무섭겠죠?

오늘 말씀엔 이 어마어마하게 무서운 사자 굴에 던져진 사람이 나와요. 심지어 이곳 사자들은 몹시 배가 고픈 것 같아요. 굶주린 사자들에게 먹이로 던져진 것은 바로

'다니엘'이라는 사람이래요. 사자에게 사람을 먹이로 주는 이야기가 성경에 있다니, 정말 놀랍지 않나요? 그 당시에 사자 굴은 나쁜 짓을 하거나 법을 어기는 사람들을 벌주기 위해 만든 거였어요. 그렇다면 다니엘은 얼마나 큰 잘못을 했기에 사자 굴에 들어간 것일까요?

다니엘은 젊은 나이에 고향에서 멀리 떨어진 나라에 포로로 잡혀 와 이제는 80세가 넘는 할아버지가 되었어요. 왕은 언제나 용감하고 정직한 다니엘의 모습을 보며 그를 믿고 의지했어요. 그리고 다니엘을 나랏일을 하는 아주 중요한 자리에 세웠죠. 이렇게 왕의 큰 사랑을 받자 다니엘을 질투하고 미워하는 사람들은 속이 부글부글했어요. 어떻게든 다니엘을 없애고 싶어 했죠. 하지만 다니엘에게서 잘못을 찾지 못했어요. 계속해서 다니엘을 여러 방법으로 괴롭히면서 어려움을 겪게 하던 그들은 마침내 나라의 '법'을 이용해서 그를 없앨 계획까지 세웠어요. 어느 날 왕 앞에 나아가 이렇게 청한 거예요.

"왕이시여, 앞으로 30일 동안 다른 신이나 사람을 생각하며 절하거나 기도하는 행위를 금지하는 법을 만드십시오. 법을 지키지 않으면 누구든지 사자 굴에 넣으십시오." 왕은 정말 그 법을 만들어 백성에게 알렸어요.

이 소식을 들은 다니엘은 어떻게 했을까요? 비록 포로로 잡혀 왔지만, 지금껏 하나님을 잊지 않고 늘 기도하던 그였어요. 그런데 이제 그렇게 하면 사자 먹이로 던져진다니 너무 무섭지 않았을까요? 하지만 다니엘은 전혀 흔들리지 않았어요. 법을 지키지 않으면 사자 굴에서 죽게 된다는 사실을 알면서도 하나님께 기도하는 시간을 지켰어요.

다니엘을 미워하는 사람들은 이 모습을 놓치지 않고, 왕에게 달려가 알리며 그를 사자 굴에 던져야 한다고 소리쳤어요. 다니엘을 믿고 좋아한 왕은 뒤늦게 이 법이 그를 없애기 위한 사람들의 나쁜 계획이었음을 알았지만, 이미 어쩔 수 없었어요. 왕은 "다니엘, 너희 하나님께서 너를 지키시고 구해 주시기를 바란다."라고 말하며, 다니엘을 사자 굴에 던지라고 명령할 수밖에 없었어요.

너무 걱정이 된 왕은 다음 날 새벽에 사자 굴로 달려가 다니엘을 찾았어요. 그런데 당연히 사자들의 으르렁거리는 소리만 들릴 거라고 생각한 그곳에서 다니엘의 밝은 목소리가 들려왔어요. "하나님이 천사를 보내셔서 사자들의 입을 막아 저를 지켜 주셨습니다!" 왕은 정말 기뻐하면서 다니엘을 사자 굴에서 꺼내 주었어요. 왕의 바람대로 하나님께서는 하나님께 기도하는 다니엘을 사자 굴에서도 지켜 주신 거예요.

어린이 여러분, 우리도 다니엘처럼 하나님을 언제나 기억해요. 잊지 않고 하나님께 기도해요. 하나님은 어떤 어려움 속에서도 하나님을 기억하는 우리를 보호하시고 지켜 주시는 분이에요. 이번 주도 우리를 보호하시는 하나님과 함께 힘찬 하루하루를 보내기를 응원해요.

함께 기도해요

하나님, 날마다 하나님을 잊지 않고 기억한 다니엘처럼 살고 싶어요. 우리를 보호하시고 지켜 주시는 하나님을 항상 기억하며 기도하기를 힘쓰게 해 주세요. 그래서 하나님의 마음을 더욱 알아가는 하루하루를 보내게 도와주세요. 예수님의 이름으로 기도합니다. 아멘.

6 단원

너의 이름은

주제 **새 이름을 주시다.**

6단원에서는 하나님께 새로운 이름을 받은 이들의 이야기를 들어 봅니다. 그들은 하나님을 신실하게 섬기는 사람들이었기에 자신의 활동과 역할에 적합한 새 이름을 받았습니다.

1과에 등장하는 아브라함의 본래 이름은 아브람입니다. 평생토록 하나님의 뜻을 따라 산 아브람은 99세에 하나님께 새 이름을 받았습니다. '존귀한 아버지'라는 뜻의 아브람에서, '열국(列國)의 아버지' 또는 '수많은 민족의 아버지'라는 뜻의 아브라함으로 이름이 바뀐 것입니다. 아브라함의 아내 사래 역시 '여주인'이라는 뜻의 사라라는 새 이름을 받았습니다(창 17:15).

2과의 주인공 야곱의 이름은 '발뒤꿈치를 잡다'라는 뜻입니다. 그는 형과 아버지를 속여 장자의 축복을 가로챈 후 외삼촌 라반이 있는 하란으로 도망갔습니다. 어느 날 고향으로 돌아가라는 하나님의 명령을 듣고 길을 가던 중 어떤 사람과 씨름을 하게 되었습니다. 그 사람은 야곱에게 '이스라엘'이라는 새 이름을 주었습니다. 이스라엘은 '하나님과 겨루어 이겼다'라는 뜻으로, 이는 그날 밤새도록 야곱과 씨름한 이가 하나님이심을 알려 줍니다. 하나님께서 홀로 밤을 보내던 야곱을 친히 찾아와 이스라엘이라는 새 이름을 주신 것은 아무것도 두려워하지 말고 하나님만 믿고 나아가라는 뜻이었습니다.

3과의 베드로는 예수님의 열두 제자 중 하나로, 본래 이름은 시몬입니다. 베드로라는 이름의 뜻은 '바위', '반석'입니다. 마태복음에 따르면 시몬은 예수님께서 "너희는 나를 누구라고 하느냐?"라고 물으셨을 때 "주님은 살아 계신 하나님의 아들이시며 그리스도, 곧 메시아이십니다."라고 대답했고, 이 일로 예수님께서 그에게 베드로라는 새 이름을 주셨습니다.

4과에서는 예수님의 다른 이름들을 알아봅니다. '예수'라는 이름의 본래 의미는 히브리어로 '하나님(야훼)이 구원하신다'입니다. 예수님의 또 다른 이름인 그리스도는 '기름 부음 받은 자'라는 뜻으로, 히브리어 '마쉬아흐(메시아)'를 헬라어로 음역한 것입니다. 그리스도라는 이름은 예수님이 구약에서 예언된 메시아임을 나타내는 칭호이자, 예수님의 신성(神性)을 강조하는 명칭입니다.

고린도후서 5장 17절

♩= 126 ♫=♩♪(3)

작곡:이화익
편곡:이화익

1 하나님의 약속을 믿었더니!

배울 말씀 창세기 12장 1~4절, 15장 1~6절, 17장 1~9절

새길 말씀 이제 후로는 네 이름을 아브람이라 하지 아니하고 아브라함이라 하리니 이는 내가 너를 여러 민족의 아버지가 되게 함이니라 (창 17:5)

아브람은 사랑하는 아내 사래와 부모님과 함께 행복하게 살고 있었어요. 그러던 어느 날 어디선가 "아브람아!" 하고 부르는 소리가 들렸어요. 아브람이 주위를 살펴봤지만 아무도 보이지 않았어요. 누가 부르는 소리였을까요? 맞아요. 하나님께서 부르시는 소리였어요. 하나님께서 말씀하셨어요. "아브람아, 너는 지금 이곳을 떠나 내가 말하는 곳으로 가거라. 모든 민족이 너를 통해 큰 복을 받을 것이다." 부모님과 헤어지고 오랫동안 살던 곳을 떠나 낯선 곳으로 가는 것은 쉽지 않은 일이에요. 그렇지만 아브람은 하나님의 말씀대로 했어요. 아브람은 하나님 말씀을 믿었어요.

아브람이 하나님께서 말씀하신 곳에 도착하여 살던 어느 날 하나님께서 아브람을 다

시 부르셨어요. "아브람아, 너는 두려워 마라. 내가 너를 지키고 너에게 큰 상을 줄 것이다." 아브람은 하나님께 말했어요. "하나님, 저는 이미 나이가 너무 많고 자식도 없어요. 그런데 어떻게 많은 자손을 상으로 주겠다는 말씀이세요?" 아브람의 말에 하나님은 그를 밖으로 데리고 나가 하늘에 있는 별을 세어 보라고 하셨어요. 그러고는 "너의 자손이 저 별처럼 셀 수 없이 많아질 것이다."라고 다시 말씀하셨어요.

하나님께서 처음 아브람을 부르셨을 때도 그는 이미 나이가 많았어요. 그런데 지금은 시간이 흘렀으니 더 할아버지가 됐겠죠. 과연 아브람과 사래에게 많은 자손이 생길 수 있을까요? 아마 대부분의 사람이 '하나님은 약속을 지키지 못하시겠구나.'라고 생각했을 거 같아요. 여러분은 어떻게 생각하나요? (어린이들의 대답을 충분히 듣는다.) 그런데 아브람은 하나님이 하신 말씀을 믿었어요.

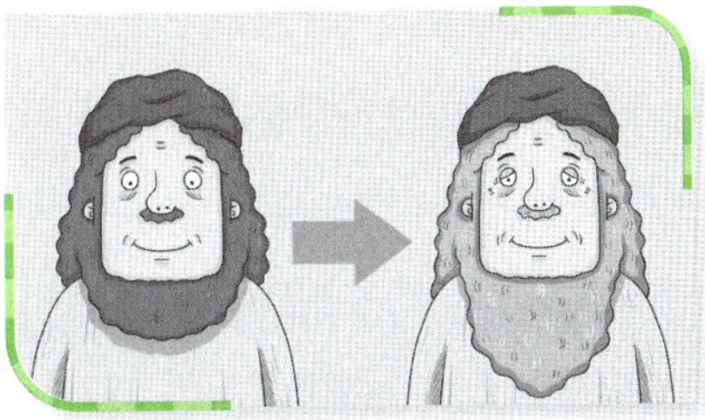

시간이 흘러 아브람이 99세가 되었을 때, 하나님께서 아브람을 또다시 부르셨어요. 여전히 아브람과 사래에게는 아들이 없었어요. 하나님께서 아브람에게 말씀하셨어요. "아브람아, 이제 너의 이름을 '아브라함'이라고 하겠다. 네 아내 사래의 이름은 '사라'라고 할 것이다. 내가 너를 많은 민족의 조상으로 세울 것이다."

하나님이 말씀해 주신 새 이름 '아브라함'은 '여러 민족의 아버지'라는 뜻이고, '사라'는 '여주인'이라는 뜻이에요. 우리도 아브람을 이제 아브라함이라고 불러 봐요. 한 글자씩 또박또박 따라서 불러 볼까요? "아!" "브!" "라!" "함!" 새 이름을 알려 주신 하나님은 아브라함에게 "내가 사라를 통해 반드시 아들을 줄 것이다. 내년 이맘때쯤이면 아들이 있을 것이다."라고 말씀하셨어요.

사람들은 할아버지, 할머니가 된 아브라함과 사라가 아기를 낳을 거라고는 생각지도 못했을 거예요. 그러나 하나님은 분명히 말씀하셨어요. 아브라함과 사라에게 아들을 주실 것이라고요. 드디어 약속한 날이 되어 아브라함과 사라는 기다리고 기다

리던 아들을 낳았어요. 그리고 그 아들을 통해 많은 자손을 얻고 또 얻어서 아브라함은 진짜 여러 민족의 아버지가 되었어요. 하나님은 하나님의 약속을 믿고 오랜 시간 기다려 온 아브라함에게 약속을 지키시고 놀라운 복을 주셨어요.

하나님이 아브라함을 첫 번째 불러 말씀하셨을 때부터 아브라함은 하나님의 말씀을 잘 들었어요. 하나님의 약속을 믿고 따랐어요. 그리고 복을 받았죠.

하나님께서는 어린이 여러분에게도 말씀을 통해 많은 복을 약속해 주셨어요. 여러분이 복을 받도록 불러 주시고 말씀해 주세요. 그러니 아브라함처럼 하나님을 믿고 그 말씀대로 따르는 어린이가 되어 보세요. 그러면 아브라함에게 하신 것처럼, 약속해 주신 복을 그대로 이뤄 주실 거예요. 하나님의 복을 기다리며 믿음으로 살아가는 어린이가 되어요.

함께 기도해요

하나님, 아브라함이 하나님의 약속을 믿고 따라서 놀라운 복을 받은 사실을 알게 해 주셔서 감사해요. 아브라함처럼 우리도 하나님의 약속을 믿고 따를 수 있게 우리와 함께해 주세요. 그래서 하나님께서 베풀어 주시는 놀라운 복을 받게 인도해 주세요. 예수님의 이름으로 기도합니다. 아멘.

6단원

2 하나님을 만났더니!

배울 말씀 창세기 32장 24~30절

새길 말씀 그가 이르되 네 이름을 다시는 야곱이라 부를 것이 아니요 이스라엘이라 부를 것이니 이는 네가 하나님과 및 사람들과 겨루어 이겼음이니라 (창 32:28)

"으앙 으에엥~" 아기의 힘찬 울음소리가 들려요. 지금 리브가가 아기를 낳고 있어요. 한 남자 아기가 리브가의 배에서 쑤욱 나왔는데, 그 뒤에 또 다른 아기가 먼저 나온 아기의 발꿈치를 잡고 나오는 게 아니겠어요? 남자 쌍둥이가 태어난 거예요. 이삭과 리브가는 먼저 세상에 나온, 털이 많은 남자아이의 이름을 '에서'라고 지었어요. 또 형의 발꿈치를 잡고 태어난 동생은 '발꿈치를 잡은 사람', '속이는 사람'이라는 뜻을 가진 '야곱'이라고 지어 주었어요. 에서와 야곱은 쑥쑥 자라났어요.

시간이 흘러 늙고 눈이 어두워진 이삭은 큰 아들을 불러 말했어요. "에서야, 내가 너에게 축복기도를 해 주겠다. 그러니 너는 사냥을 해서 잡은 것으로 내가 좋아하는 음식을 해

서 가지고 오너라." 이스라엘에서는 오래전부터 아버지가 큰아들에게 축복을 해 주었어요. 그래서 이삭은 에서를 부른 거예요. 그런데 이를 알게 된 야곱이 형 대신 아버지의 축복을 받으려고 에서가 사냥을 나간 사이 그의 모습으로 변장하고 아버지에게 갔어요. '속이는 사람'이라는 자기 이름의 뜻대로, 야곱은 아버지 이삭을 속이고 첫째 아들이 받을 축복을 가로챘어요. 뒤늦게 사냥에서 돌아온 에서는 이 사실을 알고 엄청나게 화가 났어요. 야곱은 형을 피해 멀리 있는 외삼촌 집으로 도망갈 수밖에 없었어요.

야곱은 외삼촌 집에서 20년 동안이나 일을 하며 지냈어요. 그곳에서 결혼도 하고 자녀도 낳아 큰 가정을 이뤘죠. 하지만 함께하는 가족이 있어도 야곱의 마음 한쪽에는 부모님과 형과 함께 살았던 고향집에 대한 그리움도 있었을 거예요. 오랫동안 만나지 못했으니까요.

이런 야곱의 마음을 하나님께서 아셨을까요? 하나님께서 야곱에게 말씀하셨어요. "지금 곧 이곳을 떠나 네가 태어난 땅으로 돌아가거라." 하나님의 말씀을 들은 야곱은 부모님이 계신 집으로 돌아가기로 결심했어요.

20년 만에 부모님을 만날 생각에 야곱은 두근두근 설레는 마음도 있었지만, 에서를 생각하면 무서웠을 거예요. '형이 아직도 나를 미워하고 있을까?', '집으로 돌아가면 형이 나를 죽이려고 할까?' 집이 가까워질수록 여러 생각이 들면서 점점 더 무서워지고 발걸음은 무거워졌겠죠.

야곱이 얍복 강가에 이르렀을 때예요. 그는 가족과 종들, 그리고 가축들을 모두 강 건너편으로 먼저 보낸 후 혼자 남았어요. 그때 한 사람을 만났어요. 야곱은 그가 누구인지도 모른 채 힘겨루기를 했어요. 캄캄한 밤부터 해가 뜰 때까지 꼭 붙잡고 놓지 않았어요.

그 사람은 도저히 야곱을 이길 수 없다는 것을 알았어요. 그래서 그의 엉덩이뼈를 쳐서 다치게 한 후, 날이 새려고 하니 그만 놓아 달라고 했어요. 그래도 야곱은 손에 더 힘을 줘서 붙잡았어요. 그리고 이렇게 말했죠. "제게 복을 주세요. 그러지 않으면 보내 드릴 수 없습니다." 그 사람이 야곱에게 이름이 무엇이냐고 물었어요. 야곱은 자기 이름을 말했어요. 그러자 그 사람이 "네 이름은 이제 야곱이 아니라 '이스라엘' 이다."라며 그를 축복했어요.

야곱의 새 이름 이스라엘은 '하나님과 사람과 겨루어 이겼다'라는 뜻이에요. 야곱은 나중에야 자신이 하나님을 만났다는 사실을 알게 되었어요. 그리고 두려운 마음을 버리고 새롭게 변화되어 에서를 만나러 갔어요. 하나님께서 함께해 주실 것을 믿었기 때문이에요. 우리도 하나님을 만나고 하나님께서 함께해 주시면 어떤 두려움도 이겨낼 수 있어요. 나를 변화시켜 주시는 하나님과의 만남을 기대하며 날마다 씩씩하게 살아가는 어린이가 되길 바라요.

함께 기도해요

하나님, 야곱과 함께하신 것처럼 우리와도 언제나 함께해 주세요. 즐겁고 행복할 때도, 무섭고 두려울 때도 하나님과 함께하고 싶어요. 하나님이 주시는 용기와 지혜로 언제나 바르고 씩씩하게 자라나도록 도와주세요. 예수님의 이름으로 기도합니다. 아멘.

6단원

3 예수님께 대답했더니!

배울 말씀 마태복음 16장 13~19절

새길 말씀 또 내가 네게 이르노니 너는 베드로라 (마 16:18상반절)

(모래, 자갈, 돌덩이, 반석 그림을 차례로 보여 주며 질문한다.)

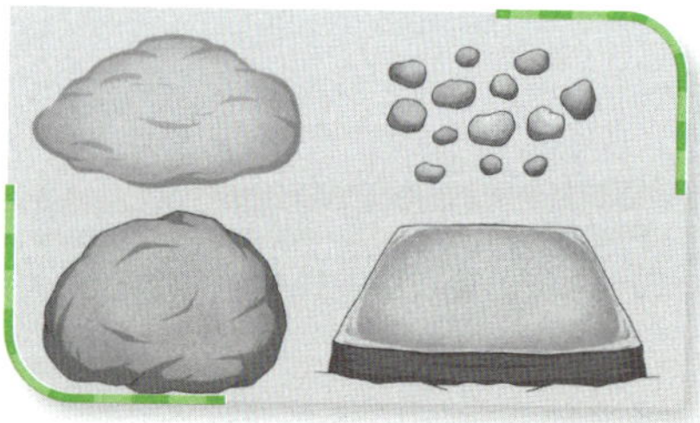

이게 뭘까요? 맞아요. 모래예요. 모래를 한 삽 퍼서 다른 곳으로 옮기는 건 우리 어린이들 누구나 할 수 있을 거예요. 그럼, 이 자갈을 옮길 수 있는 어린이가 있나요? 이 돌덩이는 어때요? 옮길 수 있겠어요? 돌덩이까지 옮길 수 있는 어린이들 멋지군요. 그렇다면 이번엔 아주아주 큰 반석이에요. 이걸 옮길 수 있는 어린이가 있나요? 모래와 돌은 옮기기 쉽지만, 이렇게 큰 반석은 헐크가 와도 어려울 거 같아요. 반석은 비바람이 불어도 눈보라가 쳐도 그 자리에서 움직이지 않아요. 그만큼 단단하고 든든하기 때문이에요. 이런 반석이 있는 말씀 속으로 함께 들어가 봐요.

제자들은 예수님과 늘 함께했어요. 같이 먹고 같이 자며 예수님과 모든 것을 함께 했죠. 당연히 예수님의 놀라운 능력을 바로 옆에서 볼 수 있었어요. 오늘도 제자들은 뚜벅뚜벅 예수님을 따라 길을 나섰어요. "아이고, 다리 아파. 그만 걸었으면 좋겠다." 제자들이 힘들어하는 것을 아셨는지 예수님은 잠시 쉴 만한 곳에 멈춰 서서 제자들과 이야기를 나누기 시작하셨어요.

예수님이 제자들에게 물으셨어요. "얘들아, 사람들이 나를 누구라 하느냐?" 제자들이 서로 대답했어요. "세례 요한이라고 합니다." 사람들은 물로 세례를 주었던 사람과 예수님을 같은 사람이라고 생각했나 봐요. 또 다른 제자가 말했어요. "사람들이 엘리야라고 하던데요.", "예레미야라고도 합니다." 엘리야랑 예레미야는 구약성경에 나오는 선지자, 즉 하나님의 말씀을 전한 사람들이에요.

앗! 잠깐만요. 예수님이 제자들에게 다른 질문을 하시네요. 어떤 질문인지 우리도 귀를 기울여 봐요. "얘들아, 그러면 너희는 나를 누구라고 생각하느냐?" 제자들은 입을 꾹 다문 채 서로의 얼굴만 쳐다봤어요. '아, 뭐라고 답해야 하지? 나 대신 누가 좀 대답했으면 좋겠다.'라고 생각하는 것 같았어요.

그때였어요. 예수님의 제자 중 한 사람이 큰 소리로 답했어요. "예수님은 하나님의 아들이시며, 나를 구원해 주실 분입니다." 그의 대답을 들은 예수님은 허허허 웃으시며 크게 기뻐하셨어요. "시몬아, 대답을 참 잘하였다. 하늘에 계신 나의 아버지 하나님께서 내가 누군지 알게 해 주셨구나." 예수님은 시몬을 크게 칭찬해 주셨어요. 그러고는 이렇게 말씀하셨어요. "이제부터 너를 반석이라는 뜻의 '베드로'라고 부를 것이다."

어린이 여러분, '베드로'라는 이름은 다들 들어 보았죠? 예수님의 제자 하면 제일 먼저 생각나는 사람일 거예요. 많은 사람이 예수님의 놀라운 능력을 보고 들었지만, 예수님이 누구신지 정확하게 알고 대답하는 사람은 없었어요. 그러나 베드로는 달랐

어요. 예수님이 물어 보신 그 순간, 하나님은 베드로를 깨닫게 해 주셔서 "예수님은 하나님의 아들이시며, 나를 구원해 주실 분입니다."라고 믿음으로 고백할 수 있게 해 주셨죠. 그리고 흔들리지 않는 단단한 바위, 반석이라는 새 이름을 주셨어요.

그런데 이렇게 훌륭한 고백을 한 베드로도 예수님이 잡혀가신 뒤에는 두렵고 무서웠어요. 그래서 사람들이 물어 볼 때마다 예수님을 모른다고 세 번이나 말했어요. 반석이라는 이름의 베드로가 위태롭게 흔들린 순간이에요. 그러나 그는 곧 잘못을 뉘우쳤고, 후에는 예수님의 제자 하면 제일 먼저 생각날 정도로 훌륭한 제자가 되었어요. 예수님은 베드로가 예수님을 부인할 것을 이미 아셨어요. 하지만 모든 것을 아시는 예수님은 베드로가 어떤 어려움 속에서도 믿음을 굳건히 지켜 흔들리지 않기를 바라는 마음으로 새 이름을 주셨을 거예요.

우리는 오늘, 베드로의 씩씩한 고백을 통해서 예수님이 누구신지 알았어요. 우리도 베드로처럼 "예수님은 나를 죄에서 구원해 주실 분이에요."라고 고백해요. 든든하고 흔들리지 않는 반석처럼, 여러분 모두 단단한 믿음의 제자로 자라나길 소망합니다.

함께 기도해요

하나님의 아들이신 예수님, 베드로가 고백한 것처럼, 우리도 예수님은 살아 계신 하나님의 아들이시며 나를 구원해 주실 분이라고 고백합니다. 우리의 믿음이 반석처럼 든든해지도록 언제나 지켜 주세요. 예수님의 이름으로 기도합니다. 아멘.

6단원

4 예수님께 고백했더니!

배울 말씀 요한복음 4장 13~15절, 23~26절

새길 말씀 시몬 베드로가 대답하여 이르되 주는 그리스도시요 살아 계신 하나님의 아들이시니이다 (마 16:16)

유대와 갈릴리 사이에 '사마리아'라는 곳이 있었어요. 갈릴리로 갈 때 사마리아를 지나가면 훨씬 빨리 갈 수 있었지만, 이스라엘 사람들은 사마리아 땅을 지나가지 않았어요. 시간이 걸려도 멀리멀리 돌아갔죠. 이스라엘 사람들은 사마리아 사람들을 싫어하고 무시했거든요. 그런데 어느 날 예수님과 제자들은 갈릴리로 가는 길에 사마리아를 지나갔어요. 사마리아에 있는 '수가'라는 마을에 도착했을 때예요. 제자들은 먹을 것을 구하러 마을 안으로 들어갔어요. 그동안 예수님은 우물 가까이에 앉아 잠시 피곤한 몸을 기대어 쉬고 계셨어요.

그때 한 여자가 물동이를 들고 우물가에 왔어요. 여자는 아무도 없을 때 빨리 물을 떠서 가려던 참이었어요. 그런데 우물가에서 쉬고

계시던 예수님이 그에게 물을 달라고 하셨어요. 이스라엘 사람이 말을 걸자 당황한 여자는 예수님께 "왜 제게 물을 달라고 하시나요?"라고 물었어요.

그러자 예수님은 "만약 내가 누구인지 알았다면, 네가 나에게 물을 달라고 했을 것이다. 내가 주는 물을 마시는 사람은 영원히 목마르지 않을 것이다."라고 이상한 대답을 하셨어요. 하지만 예수님의 대답을 들은 여자는 깜짝 놀라며 "정말 그런 물이 있나요? 그렇다면 제게 그 물을 주세요."라고 말했어요.

예수님과 한참 이야기를 나누다 보니, 여자는 예수님이 누구신지 점점 궁금해졌어요. '이분이 혹시 요새 사람들이 이야기하는 그 소문 속의 선지자인가? 그런 거 같은데?' 여자는 기대하며 이번에는 하나님을 예배하는 것에 관해 질문했어요. "유대 사람들은 예배는 무조건 예루살렘에서만 드려야 한다고 해요. 다른 곳에서 드리는 예

배는 하나님께서 받지 않으시나요?" 예수님이 말씀하셨어요. "하나님은 장소와 상관없이, 영과 진리로 참되게 예배하는 사람을 찾으신단다." 또랑또랑한 눈으로 예수님을 바라보며 여자가 다시 말했어요. "곧 그리스도라고 하는 메시아가 오신대요. 메시아가 오시면 우리가 알지 못하는 모든 것을 알려 주신대요." 여자의 말에 예수님은 "지금 너에게 말하고 있는 내가 바로 그 메시아다."라고 알려 주셨어요.

메시아, 곧 그리스도는 이스라엘 사람들이 오래도록 기다린 분이에요. 여자는 지금 그렇게 기다리고 바라던 분을 직접 만난 거예요. '나의 모든 죄를 용서받게 하시는 그리스도가 바로 이분이라니!' 여자는 뛸 듯이 기뻐하며 다른 사람들에게도 이 소식을 알리기 위해 마을로 돌아갔어요.

어린이 여러분, 예수님께 칭찬받은 베드로의 고백이 기억나나요? 베드로는 "예수님은 하나님의 아들이시며, 나를 구원해 주실 분입니다."라고 대답하여 예수님께 큰 칭찬을 받았죠. 베드로처럼 오늘 말씀의 사마리아 여인도 예수님이 하나님의 아들이시며 우리를 구원해 주실 분이라는 사실을 잘 알게 됐어요. 그리고 다른 사람들에게

도 이 사실을 고백하고 전했어요. 물을 떠 가기 위해 우물에 온 것도 잊은 채 물동이를 내버려두고 마을 이곳저곳으로 뛰어다니며 예수님을 전했어요. "여러분, 제가 그리스도를 만났어요. 그분은 제가 지은 죄도 다 알고 계세요. 그분은 우리를 죄에서 구원해 주실 거예요. 어서 와서 그분을 만나 보세요!" 사람들에게, 하나님의 아들이신 예수님이 우리를 죄에서 구원하실 그리스도이며 메시아라고 고백했죠.

어린이 여러분, 우리도 사마리아 여인처럼 예수님이 하나님의 아들이시며 그리스도이심을 알아요. 그러니 예수님이 우리를 죄에서 구원해 주신 분임을 믿고 마음과 입술로 고백하는 씩씩하고 용기 있는 어린이가 되어요.

함께 기도해요

하나님의 아들이신 예수님, 이 땅에 오셔서 우리를 만나 주셔서 감사합니다. 나의 모든 것을 아시고 죄에서 구원해 주신 분이 예수님이심을 고백합니다. 나를 위한 예수님의 사랑을 언제나 기억하고, 예수님의 사랑을 다른 사람들에게 전할 용기를 주세요. 예수님의 이름으로 기도합니다. 아멘.

우리는 짝꿍

♩ = 118

작사 김영경
작곡 김영경

F♯m7 A/B C♯m
님 이 이 어 주 신 아 주 특 별 한 짝 꿍 — 너 (You) 와 나 (and me) 우
F♯7 A/B E
리 는 짝 꿍 — 어 려 울 때 힘 이 되 는 — (You're my best — friend)
C♯m F♯7 A/B E
너 (You) 와 나 (and me) 우 리 는 짝 꿍 — 오 직 주 님 만 찬 양 해 — 요 —

내 마음 아시죠

작사 김영경
작곡 김영경

17
G D/F♯ Em G/D C G/B Am C/D
나 주님만 찬 양해요 나의 친구되신 예수님— 사 랑해요
21
G D/F♯ Em G/D C G/B Am C/D G
나 주님만 찬 양해요 나의 생명되신 예수님— 경 배 합 니 다

하나님 만드신 세상

작사 김영경
작곡 김영경

13
C/D DM9 Dm9 F/G G
너 무 소 중해 ㅡ 너 무 특 별해 ㅡ 아 껴 주 고 사 랑 할 래 요 ㅡ
17
C G/B E/G♯ Am F C/E Dm F/GG
하 나 님 ㅡ 만 드 신 세 상 ㅡ 아 름 답 고 오 놀 라 워 라 ㅡ
21
C G/B E/G♯ Am F C/E Dm G C
하 나 님 ㅡ 만 드 신 세 상 ㅡ 보 시 기 에 ㅡ 참 좋 았 더 라 ㅡ

아하! 바이블 큐브

시즌3 유치부 설교 자료집

펴낸날 2024. 12. 10.
펴낸이 김정석
엮은곳 기독교대한감리회 교육국
김두범
기 획 이은경 김용환 곽지혜
감 수 김철한 이익상 이진경
집 필 박온유 서은지 이미희 정진경 하은아 한소리
그 림 김유리
찬양·요절송 김영경 이화익
영상·교육자료 오현식 이예은 정진경

펴낸곳 기독교대한감리회 도서출판kmc
김정수
서울특별시 종로구 세종대로 149 감리회관 16층
대표전화 02-399-2008 **팩스** 02-399-2085
http://www.kmcpress.co.kr
등 록 제2-1607호(1993. 9. 4.)

디자인 시소디자인
인 쇄 천광인쇄사

ISBN 978-89-8430-936-4 04230
ISBN 978-89-8430-933-3 (세트)